高津正道の僧籍剝奪を問う

高津正道の僧籍剝奪を問う会［編］

法藏館

はじめに

悲愍《ひみん》の心　もし起こらざる者は慚愧《ざんぎ》の心を生じて　深く我が身を恨むべし――

世の中の悲しみや苦しみで苦悶している人々に対し、何の問題も感ぜず、手を差し伸べない傍観者の意識を喚起することばで、自分に恥じ入る心をもって深く反省しなさいと、良寛は戒めています。

戦時体制下であっても、「親鸞の教えを我が生き方」にしようと懸命に務めた高津正道が、反戦平和を訴え続け、本願寺の意向・方向に反したがゆえに僧籍が剝奪されたと羽倉では思っています。警官の尾行は危険人物であることを恰《あたか》も証明している役割を示したのです。

それが、

・住民が懇願する住職を捨てて東京へ逃げていった人

・いつでも天皇をボロクソに言う人

・尾行つきの「こわい人」

ということになります。

こうした意識と葛藤しながら、今日まで私たちは地域の中で生きています。

その羽倉に史蹟・文化記念館が創られ、「高津正道資料室」が設けられたのは二〇一八年一一月のことでした。これを契機として「高津正道の僧籍剝奪を問う会」が、広く僧侶の皆さんの研修とともに展開されてまいりました。羽倉区でも二〇二一年六月、羽倉・梅林寺において、

・羽倉城主末近信賀公　四百四十年祭
・福重繁市師　八十年祭
・高津正道師　五十年祭

が執行されました。

このことは何を意味するかというと、長い歴史のなかで「羽倉という地に貢献した顕著な功績者」として認定するという意味を内包しています。

高津で言うなら「羽倉を捨てて逃げていった人」から「羽倉の名誉ある先達《せんだつ》」への転換を意味するとともに、「名実ともに羽倉に還る」というご遺族の思いにもつながることです。

ここにいたるまでの僧籍剝奪を問う会の存在意義と役割が大であったこと、加えて羽倉の先輩、故津川勇氏が生前に出版された『高津正道評伝』があったからこそ、こうした研究と出版へとつながったと言えます。ここにあらためて感謝と敬意の念を表し、刊行のことばといたします。

河野 官

高津正道の僧籍剝奪を問う＊目次

はじめに　河野官　3

第一章　高津正道の生涯　小武正教　13

第二章　高津正道の僧籍剝奪　小武正教　37

第三章　高津正道の反宗教運動

近藤俊太郎

第一章　高津正道の生涯

小武正教

はじめに

高津正道（一八九三〜一九七四）といっても、今は浄土真宗本願寺派のなかでもほとんど知る人はいません。高津は戦前は社会主義運動の一翼を担い、戦後は社会党の礎《いしずえ》を築いた人間です。その高津が本願寺教団の僧侶として、自ら宗教改革を志した時代がありました。そして社会運動に身を投じ教団から僧籍剝奪となるも、その後も教団改革・宗教改革・社会改革を担う宗教者が誕生することを願い、注視していたことはほとんど知られていません。

高津は、一貫して現代社会の貧困や戦争といった社会矛盾を解決しようとして、寺を出てからは社会主義者の道を生涯歩みました。そのため戦前・戦時下の社会運動弾圧の時代には、投獄四回・検挙一〇〇回されたと自ら言っていたと伝えられています。

津川勇著『高津正道評伝』

彼の唯一の伝記である『高津正道評伝』には、「彼の志向は宗教的社会主義ではなく、社会主義的宗教であり、それは広くヒューマニズムの運動でもあった。彼こそ社会主義と宗教を止揚し、社会主義的宗教として実践した第一人者であった[1]」と書いています。

高津が反宗教運動を通し、宗教界へ投げかけ続けた「社会改革としての宗教」という課題そのものは、今もけっして色あせるものではありません。彼は住職になった当初からその思いを持って活動したと思われます。そして寺を出て社会主義運動に身を投じるようになり、反宗教運動を展開するなかでも「社会改革としての宗教」を考えていた時期がありました。高津はそうした活動をしている宗教者の一人として、米国教会の革命児ジョン・ヘインズ・ホームズをあげ、彼の解釈する基督教における社会主義・非戦論を紹介し、その実現が可能であることを日本の宗教界に突きつけています[2]。

戦後、「高津正道の僧籍剝奪を問う会」の呼びかけ人であり、高津を政治における師と仰いだ政治家で部落解放運動家の小森龍邦は、高津から宗教の話を聞いたことがないと言います。しかし、その小森が一九九一年に同朋《どうぼう》三者懇話会を通して本願寺教団へ投げかけた「業《ごう》・宿業《しゅくごう》、真俗二諦《しんぞくにたい》、信心の社会性」という宗教理解の問い直しという課題は、高津が本願寺教団に投げかけた「宗教改革」の思いを受け継いだものといえるでしょう。それは高津が一九三一年に日本反宗教同盟を結成して、ちょうど六〇年の歳月が流れたときのことでした。

一　高津正道の生涯——社会運動・宗教改革への視点より

(一)　社会運動の視点より

高津正道の生涯を記したものは、彼の郷里御調《みつぎ》郡久井《くい》町（現・三原市久井町）の郷土史家・津川勇が著《あら》わした『高津正道評伝』（以下、『評伝』）があるのみです。ただ、もう一つ日本社会党の機関誌『月刊社会党』（一九六二年一月号－八月号）の連載で「わたしの運動史という題で、われらの運動を回顧すると……」という書き出しで始まる、高津自身が記した回顧録があります。それは高津の大正期の社会主義運動をまとめたものです。そしてこの回顧録は、高津亡き後の一九八六年に、『旗を守りて—大正期の社会主義運動』(3) のタイトルで発刊されました。その「あとがき」のなかに「高津先生は存命中、自分の最後の仕事として自伝を書きたいと言っておられたのであるが、時間は、先生にそれを許さなかった」と記されています。もし高津自身によって自伝が書かれていたら、寺院出身者でありながら寺を出て社会主義運動に生涯を生きたその思想と内面がより明らかになったと思え、残念でなりません。

第一章「高津正道の生涯」では、『評伝』で高津の生涯を社会運動の視点から五期に分けているのに準じて述べてみたいと思います。

〔高津の生涯・社会運動の視点より〕

第一期　住職修行期〈一九一七年・二四歳まで〉

第二期　社会運動激動期〈一九三七年・四四歳まで〉

第三期　抵抗期〈一九四五年・五二歳まで〉

第四期　国会活動期〈一九六四年・七一歳まで〉

第五期　黄昏期〈一九七四年・八〇歳まで〉

そして五期に分けて明らかにした高津の生涯をたどりながら、高津の宗教教団（それはとりわけ彼が所属した本願寺）に対する視点がどのように変わっていったのかを見ていきたいと思います。

高津の宗教・本願寺教団を見る視点で軸となるのは、著書『無産階級と宗教―宗教家に送る公開状』で自らが語っている言葉(4)です。

「僕の心はどうしても宗教者から遊離した宗教といふものを受付けない」

「だから吾々青年は、口の説教を聞かないで、新聞其他を通じて宗教家自身が実践を以てする説教を聴いてゐるのだ。宗教の教訓の実践から遊離した宗教家といふものを僕の心は受付けない」

この高津の言葉を念頭に置かないと、高津の宗教改革・本願寺教団改革への思い、そして反宗教運動は見えてこないと思います。

では、高津の生涯を宗教改革という視点で整理すると、概ね四期に分けることができるのではないかと考えます。

(二)　宗教改革の視点より

第一期　寺院後継者として本願寺のなかで「宗教改革」を志した時期〈―一九一八年・二六歳〉

第二期　社会主義運動に飛び込み、反宗教運動を展開するなかで、本願寺に宗教改革を期待した時期、本願寺が教化総動員運動に参加するまで〈—一九三〇年・三八歳〉

第三期　宗教に対する無産者運動の態度は、反宗教運動あるのみと捉えた時期〈—一九四四年・五一歳〉

第四期　宗教に対して沈黙の時期〈一九四五—一九七四年・五二—八〇歳〉

高津が宗教改革・本願寺教団改革の志をいつまで持ち続けていたのか、最短で見れば一九一八年・二六歳のときに断念したとも思えます。最長で見れば、高津が晩年、荒畑寒村の「たか山の雷鳥あわれ雪ふらば　何をあさりてひなそだつらむ」という言葉をさして「これが釈尊の心だ」と言ったという津川勇の『評伝』を典拠に、生涯を親鸞精神に生きたという見方もできます。

高津が宗教、とりわけ自分が僧侶として所属していた本願寺教団と正面から向きあい、本願寺教団とそこに所属する僧侶に対し、その非仏教性・非親鸞性を問うたのが高津の反宗教運動でした。その反宗教運動を通して、高津自身の宗教観、それは本願寺教団の体現する宗教ですが、見方が変わっていったことを自ら書いています。

一九二九年一二月五日（初版）の『無産階級と宗教』では、宗教、とりわけ本願寺教団に対して、仏教教義・親鸞教義から「本来のあり方に立ち戻り無産階級の立場に立つ」ことを呼びかけたのに対し、一九三一年二月一〇日（初版）の『搾取に耽る人々』では、「宗教は反無産階級でしかありえない」という視点で書いています。この点については、第四章「高津正道の親鸞理解」でふれることとします。

（三）高津正道の三つの名前

高津正道の名前の呼び方については、「高津正道の僧籍剝奪を問う会」の呼びかけ人・河野官さんは正道《しょうどう》と呼びます。また、発会時の呼びかけ人・亡くなった小森龍邦さんは、正《せい》道《どう》と呼びました。私が小森さんの前で高津正道《しょうどう》と言うと、必ず「小武君、せいどうだ」と直されたものです。

一方で正道は、生まれたときに付けられた名前で「まさみち」と呼ばれていました。『評伝』を書いた津川勇はその「あとがき」に「南光寺の正道《まさみち》さんとして親近感を持ち……」と書き、インターネットのWikipediaには高津正道（たかつ・まさみち）と記されています。

高津が「しょうどう」と皆から呼ばれるようになったのは、一九一五年五月一日、本願寺派教師試験に合格し、南光寺第九世住職となってからです。「しょうどう」という名は、僧侶としての高津の呼び名で法名でもあります。

その高津が治安警察法違反で禁固刑が確定し、一九二六年九月二七日に本願寺より奪度《だつど》牒《ちょう》（僧籍剥奪）となります。つまり、奪度牒（僧籍剥奪）されたということは、本願寺より「しょうどう」と名告《なの》ることを奪われたということでもあります。

したがって高津は、社会主義の活動、そして政治活動をするうえでは「まさみち」でも「しょうどう」でもなく「せいどう」と名告って活動を展開しています。

しかし、郷里の人たちは生涯を通じて「まさみち」と呼び、または「しょうどう」という呼び方からは、高津を知る人たちの思いが容易に想像されるのです。

「まさみち」から「しょうどう」として歩む道が、僧籍剥奪というかたちで閉ざされたことから見えてくるものは何か、そして「せいどう」として生きた高津が、自分が所属した本願寺教団を問うた意義とその顚末《てんまつ》を、もう一度本願寺教団の歴史のなかに浮かび上がらせ、位置づけていきたいと思います。

二　高津正道の生涯（社会運動の視点）

（一）第一期　住職修行期〈─一九一七年・二四歳〉

高津正道は一八九三年四月二〇日、広島県御調郡久井町羽倉の浄土真宗本願寺派の南光

寺の長男として生まれました。父も祖父も僧侶で、南光寺の住職です。長男の正道《まさみち》は父祖の後を継ぎ、寺の住職になるべく運命づけられていました。

父、覚信は正道が五つのとき四四歳で亡くなり、母、キヌは六つのとき二三歳の若さで亡くなったので、正道は母の里である幾野家や寺総代の家に転々としてあずけられ、羽倉小学校とその高等科で学んでいます。小学校を終えると、広島県世羅《せら》郡世羅町寺町の真行寺第八世住職の是山恵覚がお寺に光宣寮を開いて仏教学を教えていたので、そこに入学しました。光宣寮は南光寺から一五キロも離れているので下宿して世羅郡甲山《こうざん》町まで通っています。そこで高津は一二歳から一八歳までの六年間、仏教学と真宗学を学んでいます。

托鉢僧のころ（前列左端・高津、前列中央・是山師。『高津正道評伝』より）

その後高津は住職になるため、京都の正則学校に入学し、二年半の学生生活を送っています。その京都の時代に見たこと、出会ったことがその後の人生を決めたと『旗を守りて』に次の事柄をあげて書いています(5)。

①大隈重信が大正天皇の即位式に京都の式場にきたこと。
「長い間失脚していた在野の政治家だった彼が、明治が去って大正となり、時を得て総理として晴れの式典に臨む心境を、私は一人の学生として十分に想像することができた」と、政治という世界にふれたことを述べています。
②三条の青年会館で理想団の演説を聞いたこと。
「そのころ読んでいた幸徳秋水著『社会主義神髄』の満身綺羅者、是非養蚕人（満身に綺羅を着る者、これ蚕を養う人に非ず）とか、米を喰《く》う人は米を作る人に非ず、とかいう言葉はいよいよ真理だなあと思われた」と、社会主義思想にふれ、心動かされたことを記しています。
③宗教改革を志したこと。
「宗祖親鸞上人（ママ）は鎌倉時代の名僧で、比叡山《ひえいざん》の天台宗、高野山《こうやさん》の真言宗の僧侶が赤や黄や紫の法衣、金襴《きんらん》の袈裟《けさ》を着飾って、大名や武家、いわゆる権門勢家に出入りするのを仏教の堕落として、自らは墨の法衣、墨の袈裟を身にまとい、寺院も街中や村落に建てて法を説いた。彼らのが貴族的仏教であれば、親鸞のは庶民的仏教であった。

これは明らかに仏教改革である。これは私の独断でなく日本仏教史上の常識であるのに、親鸞を祖師と仰ぎ、その本流をもって任ずる東西両本願寺の派手な貴族的な在り方を、京都でまのあたり目撃して、宗教改革、とくに本願寺改革を志さないわけにはゆかなかった。同じ頃京都に学んでいた同県人たる細川崇円[6]、関藤静照[7]と私は、三人でガリ版の同人雑誌を四、五号まで出すほどに本願寺改革に熱心だった。蔵原演説[8]で政治改革の重要性を教えられても、小さい宗教改革を棄てたわけではなかった」と、本願寺のあり方が非親鸞的であるかを目の当たりにし、宗教改革を郷里の広島の仲間とともに行動し始めたことを記しています。

高津は一九一六年、京都から帰り南光寺第九世住職となっています。彼自身が「学問のある青年が住職になったといって、盛大な住職就任披露会を開いてくれた」と書いているように、門信徒や村人の期待はいかばかりだったか想像に難くありません。しかし、その期待が要注意人物との批判に変わっていくのに時間はかからなかったようです。自ら次のように記しています。

親鸞をほめるのはよいが、「親鸞に帰れ」という部分が彼らを刺激しているのだった。娯楽もすくなく、報いられることのすくない農民に青年住職が同情するのはわかるが、大都市の貴族富豪の贅沢ぶりと、農民の貧困とを対照して説いてゆく、あれは柔順な勤

労農民を扇動することになる、という論理である。(9)

また『評伝』には、高津が寺を出る契機として、次のように書かれています。

高津正道が寺を出る気持ちになった契機は、寺院集団には古くからの堂班制があって寺格によってものごとが決められていく。（中略）南光寺は『御調西組』で門信徒数の多い寺格の上位の寺が、すべてを差配し、寺格の低い寺は、その住職の発言が、たとえ正論で妥当であったとしても殆ど採りあげられず無視されるというほどに、その当時の寺院は封建的であり、堂班制が支配しているのである。

そして一九一八年四月に妻とともに、寺を出るのでありました。

(二) 第二期 社会運動激動期〈一一九三七年・四四歳〉

高津が早稲田に学ぶことは、「多年の心にひそんでいた念願であった」と語っています。寺を出てすぐの一九一八年九月、編入試験に合格し早稲田大学文学部哲学科に入学します。そして、新入生弁論大会で一位となるのです。その折にはさんだ歌を『旗を守りて』に記し、この後も興が乗るとこの歌をうたったと書いています。

お金持衆のコップに光るは何ですェ、シャンペン、
　いえいえちがいます。かわい百姓の汗あぶら。
華族の妾の頭に光るは何ですェ、ダイヤモンド、
　いえいえちがいます。かわい女工の血の涙。
大臣大将の胸に光るは何ですェ、金鵄勲章、
　いえいえちがいます。かわい兵士のしゃりこうべ。

一九一九年には早稲田の雄弁会左派によって「民人同盟」(10)を結成します。そして翌年一九二〇年には労働者と学生の混成行動隊「暁民会《ぎょうみんかい》」(11)を組織し、それによって同年一二月に大学から退学処分を受けるのです。そして高津はアナーキズムからボルシェビキに転じたようで、コミンテルン日本支部準備会結成に関係し、一九二〇年一一月には暁民共産党事件で検挙され、禁固八カ月の刑を受けています。この検挙は高津の妻子をも不当逮捕したもので、獄中での妻子の釈放への闘いを『旗を守りて』に詳述しています。

そして一九二一年の日本共産党暫定中央委員会（非合法）設立に参画、一九二二年再組織

第１次共産党事件公判（1925年）。前列右から堺利彦、高津、吉川守邦、渡辺政之輔（提供：毎日新聞社）

された第一次共産党では執行委員に選出されています。一九二三年六月の第一次共産党検挙の直前にソ連に亡命し、約一年滞在、一九二四年に帰国、一九二六年八月に治安警察法違反で入獄一〇カ月の刑が確定します。しかし「大喪恩赦」で翌一九二七年に出獄します。

ソ連から帰国した後一九二五年に日本共産党を離党し、翌一九二六年四月に労働農民党（以下、労農党）に参画しています。以後敗戦まで高津は労農党（一九二八年解散命令）とそのメンバーを自らの運動の場として活動を展開しています。さらに一九三九年には、人民戦線事件で二カ年の入獄をしています。

（三）第三期　抵抗期〈―一九四五年・五二歳〉

『評伝』のなかでも高津が暁民会や第一次日本共産党準備委員会に参加し、社会主義者として活動していたことは書かれても、それがどのような内容であったかはほとんどふれられていません。それは『評伝』が高津の書いた『旗を守りて』によっているところが大きく、高津の心に残るエピソードは書かれていても、その団体が持っている歴史的・社会的位置という視点では書かれていないからです。戦後の『月刊社会党』での掲載という制約もあったでしょうし、自分史を書き終わらずに亡くなってしまったという面もあるでしょう。何よりも歴史のなかに俯瞰《ふかん》的に置いて見るには、まだ時間を必要としたということでしょう。

近年、黒川伊織による『帝国に抗する社会運動―第一次日本共産党の思想と運動』[12]、『戦争・革命の東アジアと日本のコミュニスト―一九二〇‐一九七〇年』[13]が出版され、とりわけ第一次日本共産党事件の前後のことが詳述されています。そのなかで、高津の活動についても述べられており、この黒川の研究成果に学びながら、社会主義運動のなかで高津が何をめざしてどのような活動を展開したか少しふれてみたいと思います。

それによって、宗教、とりわけ本願寺教団に対して社会主義の理論のみで批判したのではなく、高津の実践によるところからの批判であったことが明らかとなります。

黒川は、高津が一九二〇年五月に結成した暁民会には、多くの朝鮮人や中国人が出入りしていたとして、高津の次の文章を引用しています。

朝鮮、台湾、支那の人と日本人の間には、過去の何れの時代にも、胸中何の蟠《わだかま》りもなく親密に団結するなどということはなかった。然るに、世界の◯◯（ママ）期は到来して、人類に初めてインタナショナルな精神が生まれ、共同の敵に当たる為の固い団結が出来た。革命ロシアの第三インタナショナル、およびその国際軍の如きは、その最たるものだ。暁民会は、この気運に依りて出来た東洋の小さいインタナショナルである。日鮮台支の青年が、新たな精神で共同親密に新思想の研究にあたっている。(14)

そして黒川は以下の言葉で結んでいます。

同時代の社会主義者のほとんどが植民地朝鮮に無関心ななかで、高津の朝鮮民族運動への認識は鋭い。（中略）第一次共産党の創設に加わり、党内随一の植民地問題に関する論者として、朝鮮人からの支持をあつめた。

高津は第一次世界大戦の戦後処理が生んだ「人類解放、民族自決、世界改造、産業自治」などの思想の「先例」を受けた「独立運動」がこれまでとは比べものにならないほど「根強い」ものとなる

そのことを見抜いていたと指摘しています。(15)

そして、高津は一九二四年六月にソ連から帰国し、日本共産党を離れた後は、中国人、朝鮮人のコミュニストとの共同行動に活動の場を移し、一九二五年七月二一日、かつての暁民会で活動をともにした朝鮮人、中国人そして日本人の旧第一次日本共産党員によって結成された「極東社会問題研究会」で反帝国主義運動を担うことになっていくのです。

その活動は日本の敗戦後、一九四五年一一月、日本社会党が結党大会をしたのち、しばらくの空白期間をおいて、一九五五年一〇月、社会党を中心とする国会議員団の朝鮮民主主義人民共和国への訪朝が実現します。その年の一一月には社会党・共産党が協力する大衆団体として日朝協会が創設され、高津はこの訪朝団にも参加し、日朝協会の理事にも名を連ねることになるのです。

（四）第四期　国会活動期〈一一九六四年・七一歳〉

敗戦一九四五年の一一月、高津は日本社会党創立に参画し、中央執行委員に選出されています。それから一九六四年まで社会党から衆議院議員に立候補し、五回当選（一〇年一〇カ月）、五回落選します。そして一九六七年一〇月、衆議院選挙立候補を辞退するまでの約二〇年間、社会党左派の政治家としてその力を発揮するのです。高津は一貫して「日米同盟廃止・非武装中立」を訴え続けました。

『評伝』には、高津の国会活動を次のように記しています。

高津正道の国会活動を通して願った社会は、あの世の極楽浄土をつくるのではなく、この世にこそ極楽浄土を築くことが先決であり、そのためにはこの世から貧乏を無くし、生きとし生ける者の苦悩を取り除き、みんなが自由であり、平等であり、平和である、しあわせな社会を創造することであった。(16)

高津の衆議院議員としての活動は、一九四六年の数々の汚職事件の追及や、また一九五三年一〇月の「池田・ロバートソン会談」での「愛国心の涵養《かんよう》」の問題への追及、教科書問題など枚挙にいとまがありません。

そして一九五四年一二月、高津は衆議院副議長に選出されています。高津にとっても衆議院の副議長となることは大変感慨深いことだったと思われ、『月刊社会党』に記した回顧録のなかで、戦後の衆議院副議長に選出されたことを国会活動では唯一記しています。

高津が社会党執行部から副議長に推薦されたのは、「人選にあたり当選回数が問題にされる中、社会党の執行部は従来の慣例に拘泥せず、多年貧乏しながら社会主義の『旗を守って』闘ってきた労に報いる意味」としてのことだったと『旗を守りて』に書き残しています。さらには一九五四年一二月、衆議院の副議長として宮中の陪食《ばいしょく》のとき、天皇に述べた言葉を以下のように記しています。

衆院本会議で代表質問をする高津正道（1954年1月29日、提供：毎日新聞社）

陛下、今日お招きをうけた者がここに二十二名いますが、革新の政治家は私一人ですけれども、そして私は野党でありますけれども、革新勢力は今後伸びる一方だと思われますので、陛下におかれては、周囲の保守勢力の考え方のみに耳を貸されることなく、革新勢力とその背後の勤労大衆の意見や状態に注意を向けられることを、私はお願いいたしたいのです。私自身、四回も刑務所に収容され、留置場へは百回を越すほど入れられました。このような経歴の私が、ただ一人にせよご陪食の席に出るということ自体が、勤労大衆の勢力の増大の結果でありますと[17]……

このエピソードをもって、高津が書いた『旗を守りて』の文章は終わっています。天皇に対して、「社会情勢、社会変革を注視せよ」と進言した、思いの深い出来事だったに違いありません。では高津は天皇制を容認したかといえばけっしてそうではありません。

高津は一九七四年一月九日、享年八〇歳で亡くなりますが、そのとき、勲一等、従二位の叙勲を辞退していることから、そこに天皇制に対する高津の姿勢を見てとることができます。

(五) 第五期 黄昏期〈—一九七四年・八〇歳〉

高津正道は、一九六四年一一月の衆議院選挙に落選します。そして次の一九六六年の衆議院選挙に立候補すべく準備を進めていましたが、社会党の若返りと一本化を図る社会党県本部委員会の意向により無念のうちに立候補を断念せざるをえない事態においこまれました。そのとき、高津七〇歳の弁です。[18]

非常に残念だが混乱をさけるため立候補を断念した。こんごは党顧問として野にあって党の発展に協力する。長年考えていた〝大正時代の社会運動史〟をまとめるほか、在京県人大学生のために私邸に設けた広島学寮の世話をし、若い人のためにつくしたい。長い間、支持して下さった人には感謝の念でいっぱいだ

広島学寮は高津の阿佐ヶ谷《あさがや》の自邸の一角を開放し、三〇坪ばかりの二階建て家屋です。四畳半の二人一部屋が一階・二階に二部屋ずつ、食堂・炊事場・洗面所・便所の建物で、一九五八年に完成しています。食事は朝夕二回、すべて高津夫人の「しず」さんの手料理でまかなわれました。

この広島学寮から東京の早稲田などの大学に学んで、卒業後に実業界や地方議員、学校教育などの現場で活躍する多くの人が生まれていきました。

一九七四年一月一〇日付の新聞報道は、高津の死去について次のように報道しています。

高津正道氏（社会党顧問・元衆議院副議長）は、一月九日午前六時四十五分、脳卒中のため、かねてより入院中の東京都新宿区の国立第一病院で死去、行年八十歳。告別式は十二日午後一時から杉並区阿佐谷南三丁目四の二一の自宅で、喪主は妻しずさん。元広島県の浄土真宗南光寺住職、宗教改革を叫んで追放され上京。早稲田に入学、大正十一年

（一九二二）日本共産党に参画、暁民会事件で退学処分、逮捕、保釈中、上海、ソ連に逃亡生活を送り、帰国後、共産党とは絶縁したが、労農党で活躍、人民戦線事件で投獄されること二年。戦後は日本社会党に籍を置き、昭和二十一年（一九四六）広島三区から衆院に立候補し初当選以来五回、昭和二十九年（一九五四）から三十年（一九五五）三月まで衆院副議長、三十一年（一九五六）から社会党顧問、四十二年（一九六七）の衆院選を機に政界の一線から引退、国会活動では、文教委員として教育問題や永仁のつぼの重文事件など美術行政追求で活躍を呼んだ。

そして高津が亡くなってから丸一年後の一九七五年一月九日、高津の生まれた久井町羽倉南光寺門前に、有志によって「高津正道の碑」が建てられ除幕式がおこなわれました。高さ二・五メートル、幅一・三メートルの「高津正道の碑」の前には、高津の座右の銘の「つよい心がなければ生きてゆけない、やさしい心がなければ生きていても幸わせではない」がミカゲ石に刻まれて置かれています。

註

（1）津川勇『高津正道評伝』中外日報社出版局、一九八六年、五頁。

（2）高津正道『無産階級と宗教―宗教家に送る公開状』大鳳閣書房、一九二九年、一五五頁。
（3）高津正道『旗を守りて―大正期の社会主義運動』高津正道を偲ぶ広島刊行委員会、一九八六年。
（4）前掲『無産階級と宗教』一七〇〜一七一頁。
（5）前掲『旗を守りて』一七〜一九頁。
（6）細川崇円　一八九三（明治二六）年、広島県山県《やまがた》郡都谷村《つだにそん》の浄土真宗本願寺派圓正寺の長男として生まれる。圓正寺を継職するも寺を出、無寺院仏教者としていきる。中国無産党より県会議員選挙に二度立候補落選。一九三七（昭和一二）年往生。
（7）関藤静照　一八九〇（明治二三）年　福間浄観の魔訶衍《まかえん》寮のあった広島県世羅郡萩原《はぎわら》村に生まれる。在家の出身だが仏道を求め出家。一時、細川崇円、高津正道といっしょに活動し、『共愛』という宗教雑誌を出す。その後、真田増丸に出会い仏教済世軍の活動に身を投じる。
（8）前掲『旗を守りて』一八頁　蔵原惟郭、熊本生まれ。晩年は労働運動と普通選挙運動の結合を志し、さらに共産主義にも理解を示し、極東平和友の会の発起人にもなった。
（9）前掲『旗を守りて』二〇頁〜。
（10）民人同盟　一九一八年末の東京帝国大学における新人会結成に刺激され、早稲田大学でも「自由思想」を掲げる学生団体の結成をめざす動きが起こり、翌一九一九年二月二一日の早大講堂における「創立記念講演会」をもって民人同盟が結成された。会員となったのは高津正道、和田巌、稲村隆一、浅沼稲次郎、三宅正一ら、概ね早大雄弁会の「左派分子」を中心とする人びと。
(11) 暁民会は、一九二〇年五月、当時早大学生であった高津正道、高瀬清によって結成された学生・労働者の政治団体・社会運動団体である。会の中心メンバーの多くがいわゆる「暁民共産党事件」で検挙された。
(12) 黒川伊織『帝国に抗する社会運動―第一次日本共産党の思想と運動』有志舎、二〇一四年。
(13) 黒川伊織『戦争・革命の東アジアと日本のコミュニスト―一九二〇-一九七〇年』有志舎、二〇二〇年。
(14) 「団体紹介暁民会」『労働運動(第二次)』第七号、一九二一年三月。
(15) 前掲『戦争・革命の東アジアと日本のコミュニスト』三三頁~。
(16) 前掲『高津正道評伝』一三八頁。
(17) 前掲『旗を守りて』二二四頁~。
(18) 前掲『高津正道評伝』一八三頁。

第二章　高津正道の僧籍剝奪

小武正教

一　暁民共産党事件で逮捕

高津正道（一八九三～一九七四）は一九二六年七月、治安警察法違反で逮捕され、一〇カ月の刑を受け入獄し、同年九月二七日付で本願寺より奪度牒《だつどちょう》（僧籍剝奪）の処分を受けています。そして、一年後の一九二七年、大正天皇の「大喪恩赦」が実施され、それを受けて執行された本願寺の「赦免」によって「奪度牒の処分」は取り消されました。しかし、高津は僧籍に戻っていません。第二章では、この間の経緯を明らかにすることとします。

高津は一九一八年九月に早稲田大学に入学し、翌年二月に早稲田に「民人同盟」[1]を結成し、そして一九二〇年九月に、学外に社会主義団体である「暁民会《ぎょうみんかい》」[2]を結成し、同年一二月に退学処分を受けています。

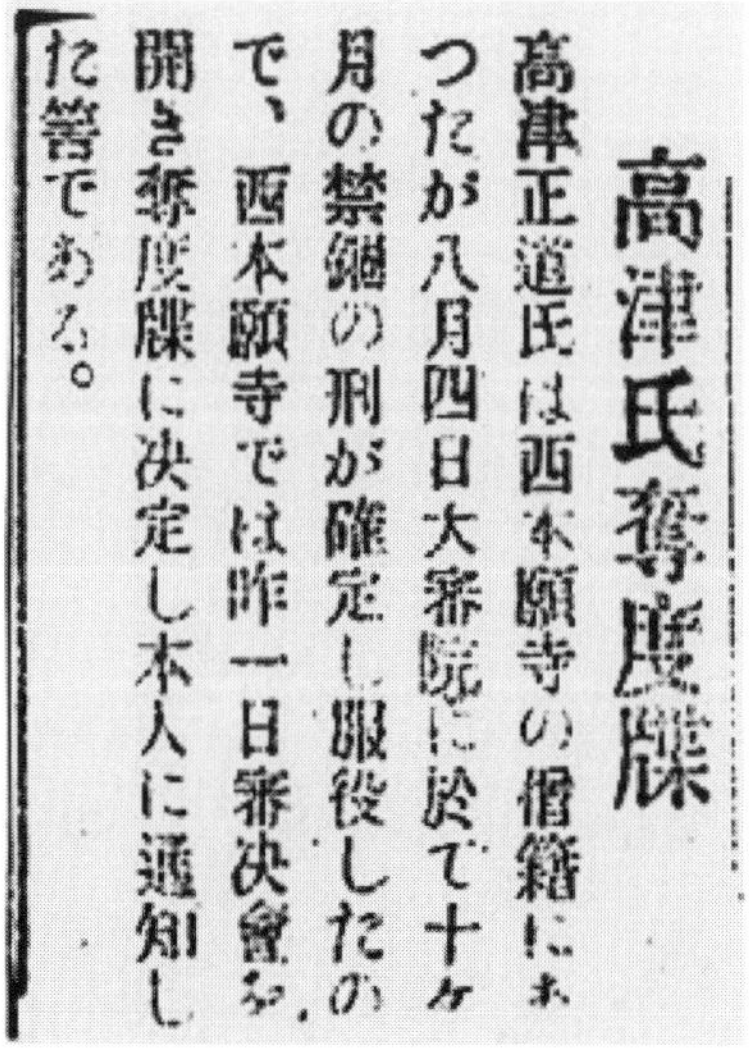
高津氏奪度牒

高津正道氏は西本願寺の僧籍にあつたが八月四日大審院に於て十ケ月の禁錮の刑が確定し服役したので、西本願寺では昨一日審決會を開き奪度牒に決定し本人に通知した筈である。

『中外日報』1926年（大正15）9月2日

ソ連のコミンテルンからの働きかけにより日本において日本共産党暫定中央委員会（以下、暫定委員会）が結成されたのは一九二一年四月、「日本共産党宣言」を出して出発しています。その暫定委員会は、委員長・堺利彦、執行委員に山川均、荒畑寒村ら、そして高津正道も最年少で加わっています。その頃、朝鮮や中国でも共産主義グループが生まれ、東洋における共産主義ネットワークがつくられつつありました。しかし暫定委員会の中心メンバー近藤栄蔵が上海に行き、活動資金を持って下関《しものせき》に帰ってきたところで、近藤の不用意で逮捕され、大金の出所を追及されるという事態が生じます。そこで非合法の暫定委員会の存在を隠すため、暁民会を暁民共産党の成立ということにして供述したのが暁民共産党事件です。[3]

　そして、一九二一年一一月に高津は暁民共産党事件で検挙され、妻・多代子と生後一〇カ月の娘・暁子とともに逮捕されます。妻子は別件で取り調べられましたが、証拠不十分ということで一二月に釈放されます。

暁民共産党事件について、高津自身の言葉を引用してみます。

東京中心の陸軍関東大演習の実施にさいし、日本共産党の署名入りの極端な反軍国主義のビラ千数百枚を印刷し、こともあろうに、市内の民家に分宿している軍人にたいし頒布した、証拠は挙がっているという事件で、無罪はありえない。当面は来春の一月か二月かの保釈に日時のみが問題のようである。保釈のうえですべてを法廷にかけるというたたかいである。(4)

そして、高津も一九二二年三月に保釈されています。

二　第一次日本共産党事件でソ連に亡命

第一次日本共産党事件とは、日本共産党に対する最初の弾圧事件です。創立後、非公然活動に従事していた日本共産党について、一九二三年五月、佐野学の管理していた秘密書類をスパイから入手した警察当局は、六月五日未明、堺利彦、山川均ら約八〇名を一斉検挙しました。

五月二三日夜までに検挙を察知した日本共産党中央執行委員会は、検挙の直前に佐野学・近藤栄蔵・高津正道を上海へ脱出させます。上海を経てウラジオストックへ行き、そこで合流した、荒畑寒村・辻井民之助・間庭末吉らでコミンテルン公認の日本共産党の在外ビューロー（局）を設立し活動が始まります。しかし、日本国内では同年一〇月に第三回日本共産党大会を開催し、国内の臨時ビューロー（局）を解散し新中央執行委員会を組織するにいたりました。そのため、ウラジオストックに所属するメンバーは梯子《はしご》を外されたかたちとなり、行き場を失ったのです。一九二四年七月、ウラジオストックの在外ビューロー（局）は解散し、行き先は二つに分かれました。

一つは、第一次日本共産党事件で厳しい訴追を受けていない者は、予審終結と同時に帰国する（高津正道）。

二つは、その他の者は来るべきコミンテルン大会に日本代表として出席した後、日本の代表としてモスクワあるいはウラジオストックに駐在する（佐野学、近藤栄蔵）。

こうして高津は一九二四年七月、日本に帰国し、暁民共産党事件の刑期を服役することとなります。そして日本共産党を離れ、その後は合法無産政党の組織化に進むこととなったのです。

ソ連から帰国し、日本共産党を離れた経緯を高津はこう記しています。

せっかくソ連に来たとて、こんなに閑暇が多いので、みんなロシア語の勉強をはじめた。教師には女をたのんだ。そのうち近藤と佐野とは上達がめざましく、それが本部へ派遣する人選にまで影響をもつにいたった。言葉のわからない者がモスクワに常駐したところで、仕事はできない。すなわち、かれら二人がモスクワに行くことになり、私は「革命家の真の働き舞台はその祖国にある」とロシア人同僚から説教されるまま、翌大正十四年（一九二五）の夏、帰国の道をえらんだ。帰ると堺に報告をすませ、また久しぶりに妻とも秘密裡に会い、翌日山崎今朝弥弁護士の同伴を願って、東京地方検事局に自首した。保釈中でも日共創立の運動やソ連に亡命するという品行なので、検事局のご機嫌はよくない。しかし、私としては自首して暁民共産党事件の確定刑六カ月を償却しつつ、刑務所からの裁判所通いで第一次日本共産党事件被告としての取調べを受けることが時間的に有利だと考えたからである――そのための拘留がなくてすむ。(5)

ただし、日本共産党を離れた理由については「共産党との訣別、反宗教運動時代、供託金を没収された選挙、自由懇談会の想い出、日本社会党創立秘話、私の国会活動、同士の群像というふうにテーマはつきないが、他日を期したい」と『旗を守りて』[6]に書きながら、残念ながら高津自身の言葉でそれは書かれることはありませんでした。

三　第一次日本共産党事件で一〇カ月の禁固刑が確定

高津が帰国し自首した一九二四年、起訴されていた第一次日本共産党事件の公判の場に臨むこととなりました。

そして一九二六年四月、高津は治安警察法違反で一〇カ月の禁固刑が言い渡されます。さらに同年八月四日、上告は全部棄却され、治安警察法違反で刑が確定します。その内容を『東京朝日新聞』が報じています。

堺一派の共産党事件の廿一名の内大審院に上告した西雅雄（原審禁錮八ヶ月）、浦田武雄（同十ヶ月）、高津正道（同十ヶ月）、市川正一（同八ヶ月）、猪俣津南雄（同八ヶ月）、辻井民之助（同十ヶ月）の六名に對し四日午

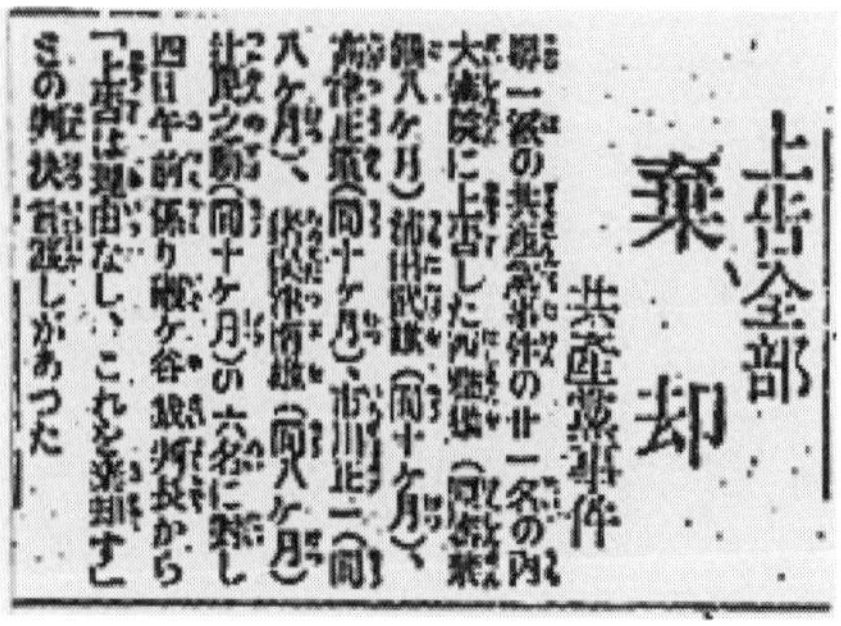
上告全部棄却
共産黨事件
堺一派の共産黨事件の廿一名の内大審院に上告した西雅雄（原審禁錮八ケ月）浦田武雄（同十ケ月）、高津正道（同十ケ月）、市川正一（同八ケ月）、猪俣津南雄（同八ケ月）、辻井民之助（同十ケ月）の六名に對し四日午前係り[illegible]裁判長から「上告は理由なし、これを棄却す」との判決言渡しがあつた

『東京朝日新聞』1926年（大正15）8月5日

前係り磯ヶ谷裁判長から「上告は理由なし、これを棄却す」との判決言渡しがあった。
（『東京朝日新聞』一九二六年八月五日、二面）

四　本願寺教団の懲戒規定

高津の治安警察法違反での禁固一〇カ月の確定を受け、本願寺は高津を奪度牒（僧籍剝奪）にします。ちなみにそのとき、高津に適用された本願寺教団の「懲戒規定」（一九二一・大正一〇年改訂『宗門法規』）には次のようにあります。

懲戒條規（大正十年七月法度第六号）

第十七條　奪度牒ノ懲戒ニ処スヘキモノ左ノ如シ

一　佛祖ニ対シ不敬ノ行為アリタル者
二　法主ニ対シ不遜ノ行為アリタル者
三　宗意ニ悖リタル異説ヲ主張シ教諭ニ服セサル者
四　転宗転派ヲ企図シタルモノ
五　国法ノ処分ニ依リ禁錮以上ノ処刑ヲ受ケタル者

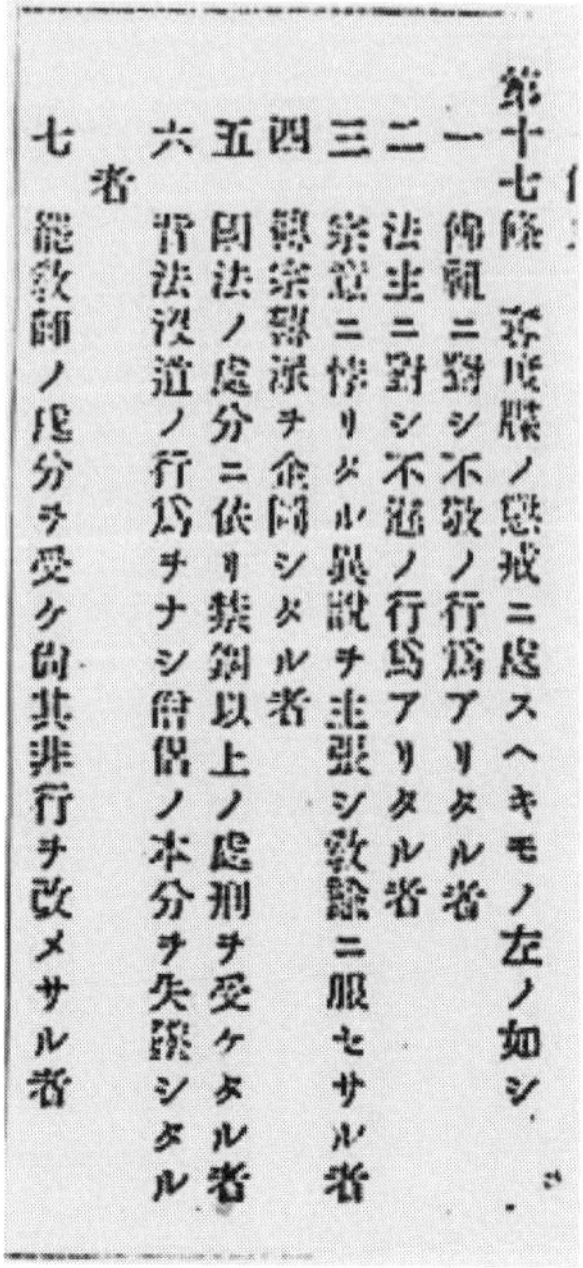
第十七條　奪度牒ノ懲戒ニ處スヘキモノ左ノ如シ
一　佛祖ニ對シ不敬ノ行爲アリタル者
二　法主ニ對シ不遜ノ行爲アリタル者
三　宗意ニ悖リタル異説ヲ主張シ教諭ニ服セサル者
四　轉宗轉派ヲ企圖シタル者
五　國法ノ處分ニ依リ禁錮以上ノ處刑ヲ受ケタル者
六　背法沒道ノ行爲ヲナシ僧侶ノ本分ヲ失墜シタル者
七　罷教師ノ處分ヲ受ケ尚其非行ヲ改メサル者

『本山録事』1921年（大正10）7月10日発行　法度

六　背法没道ノ行為ヲナシ僧侶ノ本文ヲ失墜シタル者
七　罷教師ノ処分ヲ受ケ尚其非行ヲ改メサル者

高津正道の奪度牒は、この中の「五　国法ノ処分ニ依リ禁錮以上ノ処刑ヲ受ケタル者」を適用したわけです。

（二）高津正道の奪度牒（僧籍剝奪）

九月一日の審議の結果、「高津正道を奪度牒とする」ことが決定したと宗教専門紙『中外日報』は一九二六年九月二日付の紙面で報じています。

高津氏奪度牒
高津正道氏は西本願寺の僧籍にあったが八月四日大審院に於て十ヶ月の禁固の刑が確定し服役したので、昨一日審決を開き奪度牒に決定し本人に通知した筈である。

そして高津の奪度牒は、一九二六年『教海一瀾』第七二二号、「監正局記事」九月三〇日に、次のように公示されました。

廣島県御調郡羽和泉村字羽倉百貳拾番屋敷
備後教区御調組南光寺住職　高津正道　明治二六年四月二十日生
懲戒條規第拾七條第五項ニ依リ奪度牒ニ処ス
大正十五年九月廿七日　執行長　大谷昭道

こうして高津は、本願寺教団より、懲戒條規第一七條第五項が適用され奪度牒（僧籍剝奪）となったのです。

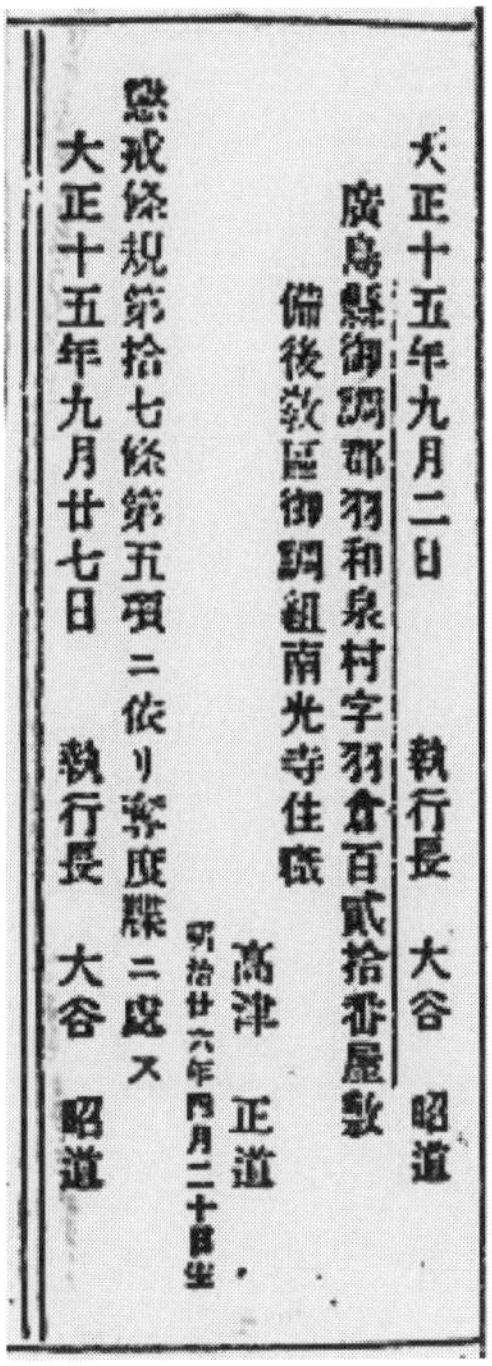
大正十五年九月二日　執行長　大谷昭道
廣島縣御調郡羽和泉村字羽倉百貳拾番屋敷
備後敎區御調組南光寺住職
高津正道
明治廿六年四月二十日生
懲戒條規第拾七條第五項ニ依リ奪度牒ニ處ス
大正十五年九月廿七日　執行長　大谷昭道

『教海一瀾』第772号
監正局記事
1926年（大正15）9月30日

(二)高津正道　奪度牒(僧籍剝奪)を免除

一九二六年一二月二五日、大正天皇が四七歳で「崩御」しました。大喪儀は、翌一九二七年二月七日から二月八日にかけておこなわれました。そして二月七日、「恩赦の詔書」が公布され、本願寺の『教海一瀾』第七二七号(一九二七年二月二八日)にも掲載されています。

「恩赦の詔書」

御大喪に際し本月七日午前一時官報号外を以て左の恩赦詔書を公布せられたり。

詔書

朕大故ニ遭遇シ傷悼已マス此ニ有辜ヲ矜ミ憲章ニ循ヒテ恩赦ヲ行ヒ朕カ罔極ノ哀ヲ申ヘムトス百僚有衆其レ克ク朕カ意ヲ體セヨ

御名御爾

昭和二年二月七日　　各大臣副署

それを受けて『教海一瀾』第七二八号(一九二七年三月三〇日)に「監正局記事」として次のように掲載されています。

廣島県御調郡羽和泉村
備後教区御調組南光寺元住職
高津正道
赦免例第六條ニヨリ大正十五年九月二十七日付奪度牒ノ處分ヲ免除ス
昭和二年三月二十四日　就行長　大谷昭道

(三) 本願寺の奪度牒（僧籍剝奪）免除の中味

国からの「恩赦の詔書」を受け、さらには本願寺から公布された奪度牒の「免除」によって、高津の僧籍が復活し、南光寺の住職に復帰したのかといえばそうではありません。『本派法規類纂』の「赦免令（大正十年七月法度第七号）」の第六條には次のように記してあります。

第六條　免除減軽ハ懲戒決行中ノ前非悔悟ノ実跡アルモノニ対シテ之ヲ行ウ

ここに「前非悔悟ノ実跡」とありますが、高津がその後に著した『無産階級と宗教―宗教家に送る公開状』(7)のなかに「僧籍褫奪《ちだつ》」という一節を立てて書いた文章があり、それを読むと、高津が「前非悔悟」によって「免除」になったとは考えられません。「免除」になったのは、別の要因があったと思われます。

天皇の「恩赦」が偉大なることを示すため、本願寺が「赦免令」の「前非悔悟ノ実跡アルモノ」を高津に問うことなくおこなったのか、また他の要因があったのか今後の課題であります。

一九二七年に第二三代本願寺法主を継承した勝如法主の伝灯奉告法要が四月から挙行されるにあたり、「慶典と恩赦」という文章が『教海一瀾』第七九六号（一九三三年四月三日）に記載されています。

由来懲戒法の設定さるるに如き、宗教団体としては決して好ましきことにはあらず、しかも已に団体的組織を有する以上、其のメンバーに不良の分子あり、或いは寺法に抵触し、法度を悖り、酷しきは国法を犯し、宗団の体面を損じ、平和を紊し、安寧秩序を破壊するものあるも、亦數の免れざるところ、懲戒法の制定洵に已むを得ざるに出づ。されど過ちて改むるは君子の恥ぢざるところ、況んや懺悔を以て進道の極要と為す僧侶に於いてをや。今や幸にして希有の慶典に値ひ、恩赦の特典に霑ふ者、豈に深く既往の罪過を悔い、無垢の新生活に精進せざるべけんや。

この「慶典と恩赦」の一文は、当時の本願寺が、「国法を犯し」「平和を紊し、安寧秩序を破壊する」ことは「宗団の体面を損じ」ることとして、最もおこなってはならないこととしていたことがわかるものです。

そして「免除」された場合、復帰の手続きが『本派法規類纂』に次のように定めてあります。

重懲戒処分免除者身分復萑取扱手続（大正十年九月甲達第二十四号）

奪度牒処分ヲ免除セラレタル者ハ改メテ得度式ワ受ケタル後左ノ資格ニ復スルモノトス

但シ従来受ケタル賞与恩典名誉ノ表彰並ニ学階及法臈ハ復萑セズ

一、試験ヲ要セズシテ得度式ヲ受クべキ資格

右得度出願ノ場合ハ成規ノ願書ニ冥加ヲ添へ提出ノコト

二、教師亦ハ準教師並ニ住職及有階者タリシ者ハ罷教師処分免除者同様手続ノ事

つまり「免除」という赦免をされた者は、無条件に元の僧侶・住職に復帰するのではなく、

「もう一度僧侶になる得度式を受けることを許す」という内容であることがわかります。さらに、もう一度得度式を受けるのに冥加金《みょうが》を納めなければならないとしているのです。

つまり、本願寺の「懲戒條規」第一七條の五項によって奪度牒された高津は、「赦免」を受け住職に復帰するためには、今までの社会主義者として活動したことを悔い改め、今後、「国の安寧秩序を乱す」社会主義者としての活動をしないと誓わねばならないことになります。

それだけでなく、もう一度得度式を受けねばならず、そのための冥加金を出すというのが「免除」の内容でした。

五　奪度牒（僧籍剝奪）に対する高津正道の思い

高津は、この本願寺の奪度牒（僧籍剝奪）に対していかなる姿勢を取ったのでしょうか。それは高津が一九二九年四月に著した『無産階級と宗教』に「僧籍褫奪」として一節を設けて書いています。ちなみに「褫奪」の「褫」とは「うばう。はぎとる。官職などをとりあげる」という意味を指します。では、高津の書いた「僧籍褫奪」という一節を全文紹介します。(8)

僧籍褫奪

二月七日、御大葬当日、国家は大赦令によつて、刑期の残りがあつたにも拘はらず、即日予を解放し、過去の前科をも一様に帳消しにしてくれた。大赦令の威力は怖しく偉大である。

所が、僕の属する眞宗本願寺派は、今回の下獄中、その名誉維持のためであらうか、僕を奪度牒に処して僧籍を削つた。この本願寺の懲罰が、僕にとつて何等の痛痒を感ぜないことは言ふまでもない。然し乍ら本願寺の態度が、如何に不徹底と矛盾とを極めてゐるかを一言することは、無意味でもあるまい。

僕は、社会主義運動に従事するの故を以て、大正九年末に早稲田大学から退校処分を受けたが、当時既に自分の所属寺の住職であつた。その後引続いてこの運動のために働らき、今回の入獄前に二回監獄に拘禁されたが、本願寺はその都度何等の処分に出でなかつた。然るを今回に至つて処分を行ふは如何なる理由に由るのであらうか？　更にまた、今回の處分が当然の理由があるとしても、それならば何故今日以前七八年の長期間に於いて、一回の注意警告を與へなかつたのであらうか？　由来宗教家の行ふ所は徹底を缺くが、是などは實に「徹底せる不徹底」である。然し私か思ふに、是は宗教家が社会問題に対して、明確な理論も見識も持たない事から偶々起つた一現象に過ぎないのであらう。

最後に、僕は宗教家諸君が普選の施行と共に、在来の意義に於ける政治運動に走ることを止めて、何よりも先きに社会問題に対して、今少し理解を持たれんことを希望して、この随筆のペンを置くことにする。

高津のこの「僧籍褫奪」でいう本願寺の不徹底、つまり、なぜ第一次日本共産党事件の禁固刑が確定するまで本願寺が処分しなかったのか、高津にもわからなかったように、原因は現在も不明です。

もし本願寺が処分を下さなかったのが保釈中であるからという理由ならば、一九二一年にソ連から帰国して出頭し、そして逮捕・拘留された暁民共産党事件で禁固八カ月の刑が確定した段階で、本願寺「懲戒條規」第一七條の五項に違反しているわけですから、「僧籍褫奪」となってもおかしくなかったはずです。そうしなかったのが本願寺の不徹底なるところと高津は言いたかったのでしょう。

結局、高津は奪度牒（僧籍剝奪）の「免除」の後、本願寺の僧侶には戻っていません。

本願寺僧籍台帳にも「昭和二年三月二四日　高津正道　赦免令にもとづいて奪度牒ノ處

分ヲ免除ス」以降の記載はないはずであります。
その理由は、次の三点から言えるでしょう。
一、高津はその後も一九三七年の人民戦線事件で治安維持法違反で逮捕されるが、そのときに本願寺の「高津正道　奪度牒」の記載はない。
二、その後の本願寺の寺院名簿の南光寺のところに高津正道の記載が見えない。
三、高津正道自身が、その後に反宗教運動等を展開するなかで、自らが元僧侶であったことは語っているが、過去形である。
今、私たち本願寺教団に所属する者は、高津正道の奪度牒（僧籍剝奪）から何を受け止め、何をなすべきなのか、章を改めて記すことにします。

高津正道の奪度牒（僧籍剝奪）の経緯

一九二一年一一月　暁民共産党事件で検挙（妻子とも――一二月釈放）
一九二二年三月　保釈出獄
一九二三年六月五日　第一次日本共産党事件
・高津正道（佐野学、近藤栄蔵、荒畑寒村）の四名はソ連に亡命
一九二四年　ソ連亡命から帰国、東京地方検事局へ自首

・六月　暁民共産党事件、治安警察法違反として八カ月の刑
一九二五年三月　　日本共産党から脱党
一九二六年四月　　労働農民党に参画
・四月　第一次共産党事件、治安警察法違反として一〇カ月の刑
・八月四日　上告全部棄却　一〇カ月の刑が確定
・九月一日　本願寺審決　高津正道の奪度牒が決定
・九月二七日　高津正道　奪度牒『教海一瀾』第七二二号（九月三〇日）監正局記事に公示
一九二七年二月七日「大喪恩赦」
・三月二四日　本願寺　高津正道の「奪度牒の処分を免除す」―赦免（『教海一瀾』第七二八号一九二七年三月三〇日）
＊しかし、高津正道は僧籍への復帰はしていない。

註

（1）第一章の註（10）参照。
（2）第一章の註（11）参照。

（3）黒川伊織『帝国に抗する社会運動―第一次日本共産党の思想と運動』有志舎、二〇一四年、一六五頁～。
（4）高津正道『旗を守りて―大正期の社会主義運動』高津正道を偲ぶ広島刊行委員会、一九八六年、七〇頁。
（5）前掲『旗を守りて』二一三～二一四頁。
（6）前掲『旗を守りて』二二二頁。
（7）高津正道『無産階級と宗教―宗教家に送る公開状』大鳳閣書房、一九二九年。
（8）前掲『無産階級と宗教』一九四～一九五頁。

第三章　高津正道の反宗教運動

近藤俊太郎

はじめに

一九三〇年代初頭の日本では、マルクス主義の影響により宗教批判の組織的運動が起こりました。この運動は反宗教運動と呼ばれています。一九三一年には反宗教闘争同盟準備会（のち日本戦闘的無神論者同盟）や日本反宗教同盟準備会（のち日本反宗教同盟）といった組織が結成され、宗教が支配階級に奉仕する役割を果たしていると激しく主張・宣伝しました。この日本反宗教同盟のリーダーだったのが高津正道（一八九三～一九七四）です。反宗教運動は、わずか数年で終息したこともあって、現在、その歴史を知る人は多くありませんが、当時の日本社会、とりわけ宗教界に大きな衝撃を与えました。

反宗教運動については、戦後に本格的な研究が始められ、それなりに成果が蓄積されてきました[1]。しかし、その多くが反宗教闘争同盟準備会を分析対象としており、日本反宗教同盟を主題にした成果はありません。高津の宗教批判が論及される場合でも、高津の著書の分析を中心とするものがほとんどです[2]。そうなったのは、研究の担い手が反宗教闘争同盟準備会系統の人びとだったことや、日本反宗教同盟の史料の散逸といった問題が影響したからでしょう。

本章は、一九二〇年代後半から三〇年代半ばまでの高津の宗教批判を中心的課題とするものです。日本反宗教同盟の機関紙『反宗教』を分析対象に組み込んで、その性格について考えてみたいと思います。

一　反宗教運動の歴史的前提

(一) 恐慌と宗教

マルクス主義の宗教批判理論が日本に輸入されたのは、一九二〇年代後半のことです。日本共産党の理論的指導者であった佐野学やプロレタリア教育運動で知られる浅野研真らの翻訳により、マルクス主義の宗教論関係の書籍が出版されました。特にマルクス、エンゲルス、レーニン、プレハーノフ、ブハーリンなどの著作が多く紹介されています。

この時期に高津は、アプトン・シンクレアの『宗教の利潤』（平凡社、一九二八年）、ジュリアス・F・ヘッカーの『ロシア革命と宗教―サヴエート治下の宗教』（太平洋書房、一九二九年）[3]などを翻訳しています。前者は、社会主義系アメリカ人作家による宗教論で、各社会階層と宗教の関係を幅広い事例を通して論じた著作です。また後者は、モスクワ神学校教授がロシア革命前後の教会の動向を詳しく辿った一書です。

一九二〇年代後半以降、昭和金融恐慌や世界恐慌などにより、日本社会では経済不安が蔓延《まんえん》していました。都市では企業倒産や失業者の増大が起こる一方、農村では生糸の対米輸出停滞から養蚕農家の没落が生じたのに加え、一九三〇年の豊作による米価暴落と一九三一年の凶作で農家の窮乏が深刻化していました。

経済不安に対応すべく、日本政府はイデオロギー政策を展開するとともに、恐慌を階級闘争へと転化しようとするマルクス主義勢力への圧力を強めていきます。具体的には、前者が一九二九年九月からの教化総動員運動、後者が一九二八年三月の三・一五事件となりました。日本宗教界は、一九二八年六月の御大典記念日本宗教大会で政府の方針に応じる姿勢を確認し、イデオロギー政策に積極的な担い手として呼応する立場を示していきます。

こうした歴史的条件のなか、宗教専門紙『中外日報』などを舞台として、マルクス主義と宗教の関係をめぐる激しい論争がいくつも生じました。そして一九三一年四月に川内唯彦・秋田雨雀・秋沢修二・佐野袈裟美・真渓蒼空朗・戸坂潤・岡邦雄・永田広志・古在由重・三枝博音・服部之總が反宗教闘争同盟準備会を組織し、同年一一月に高津正道らが日本反宗教同盟準備会を発足させました。これらの組織は、伝統教団・教化団体が階級闘争を抑圧し、支配階級に奉仕する役割を果たしていると主張しました。

深刻化する経済不安は、日本社会に寺院の経済的優位性に対する鬱屈した感情を蓄積していきました。反宗教運動は、まさにそうした感情を燃焼するものとして歓迎され、反響を呼ぶことになるのです。

(二) 反宗教関係の著作

宗教批判をテーマとした高津の単著には『無産階級と宗教―宗教家に送る公開状』（大鳳閣書房、一九二九年。改訂増補一九三二年四月）、『搾取に耽る人々』（大鳳閣書房、一九三一年）、『邪教新論』（北斗書房、一九三六年）があります。これらを高津自身の説明によりながら、少し紹介しておきます。

『無産階級と宗教』は「階級的な立場からの宗教批判のために執筆した論文」を集めたもので、「教界の青年層を無神論的に啓蒙しようといふ意図が、働いてゐた」書です[4]。そして、『搾取に耽る人々』は「反宗教運動者としての立場から、支配階級と結ぶことの最も深い既成教団たる東西本願寺を、全面的に暴露する」[5]ことが企図された著作です。また、「無産階級の立場に立つて、宗教家の生活、宗教々団の搾取戦術、その反動的諸相等を、すべて具体的事実に基いて暴露し、解剖し、且つ批判するものである」[6]と説明されるように、抽象的な理論分析ではなく、問題の具体性を抉《えぐ》り出すところに特徴があります。

これら二著は、日本の反宗教運動が最高潮に達していた時期に刊行されていたため、多くの読者を獲得しました。両書は版を重ね、一九三一年には『無産階級と宗教』の改訂増補版が、『搾取に耽る人々』を改題した『仏教暴露』（自由荘、一九三一年）がそれぞれ刊行されています。

『邪教新論』は、一九三四年頃からの「宗教復興」現象に直面するなかで執筆されました。同書は、ひとのみち、大本、天理教、金光教、生長の家、友松円諦と真理運動を「邪教」として批判的に分析するものです。

その他、高津は『読売新聞』に「支配階級と宗教―御文章の反動性（一）～（四）」（一九三一年二月二一日～二五日）と題して、「仏教中の大勢力たる真宗の教義を検討するに支配階級に対する服従第一主義が咽せ返る程に其中に溢れている」[7]という観点から連載するなど、精力的に執筆活動を進め、新聞、雑誌、論集などに反宗教論を寄稿してもいます。

二　日本反宗教同盟の活動

(一) 結成大会

一九三一年一一月一日の朝、上野公園自治会館の二階第一号室で日本反宗教同盟の結成大会が開催されました。大会は、高津による創立経過報告に始まり、司会の廣木勇による事務報告の後、支部からのメッセージ朗読がおこなわれました。(8) 結成当初には支部および支部準備会が、東京四カ所のほか、大阪、岡山、福岡、群馬にも設けられていたようです。(9)

大会では続けて、「宣言」「スローガン」「規約」が審議され、泉嘉夫の提議により宗教的修養団・教化団体撲滅が協議されました。さらに役員として、中央委員に奥村敏・鶴田知也・内藤辰雄・山上武雄・山本和子・前川正一・福井昌雄・手島剛毅・葵イツ子・赤木壽仙・宮地友次郎・廣木勇が、委員長に高津が、顧問に堺利彦が、法律顧問に中村高一がそれぞれ選出されました。(10)

少し長くなりますが、「結成大会宣言」の全文を引用しておきます。

地球の全表面を吹き捲くる永久恐慌の嵐、全人類の饑餓窮乏の絶望的叫喚、世界資本主義の持つ内的矛盾はその絶頂に達し、今や階級闘争は未曾有の激化を見るに至つた。

曾て政治と宗教との分離を方針としたブルジヨアジーとその政府は、近時再び宗教利用の政策を執るに至り、さなきだに反動的なる宗教は益々支配階級の特権維持の忠実なる精神的用具となり、それは労農大衆の解放の進路を晦ます毒瓦斯として、何人の眼にも明瞭となつて来た。

宗教の絶滅は資本主義の絶滅を待たずしては不可能であるが、現在の此の反動的活動は軽視し閑却するを許さない。無産者運動は、宗教のこの反動的進出に対してもまた、断じて排撃撲滅の挙を必要とする。

吾等は支配階級の思想戦線の一部たる宗教部門に対して、新たなる反宗教戦線を展開して、吾等の階級闘争の一翼とすることは当面緊急の任務であることを痛感し、茲に日本反宗教同盟を結成するに至つた。

この運動は無産者運動の領域に於て處女地を行くものであるから、その前途に横はる障害は特に多いことを吾等は充分に認識する。然しながら、吾等はこの運動の重大性を考へ、大胆にまた細心に、吾等の任務を遂行し、以てこの戦線に拠つて無産階級の究極理想の実現のために尽さんとするものである。

一九三一年十一月一日

日本反宗教同盟[11]

ここには、資本主義の矛盾と階級闘争の激化という現状認識が説明され、そうした現実のなかで展開される政府の宗教利用政策に対し、支配階級の特権維持と大衆の解放の阻害が指摘されています。日本反宗教同盟は、無産者運動の立場から宗教の反動的性格に向けた攻撃を進め、階級闘争の一翼としての役割を担おうというのです。この「宣言」は、マルクス主義の宗教批判の基本を踏まえた主張だと言えるでしょう。

マルクス主義の宗教批判とは、宗教は経済構造の矛盾が反映したイデオロギーにほかならず（反映論）、民衆に彼岸世界の幻想を与えて現実の苦痛や不平を鎮静する阿片であるために、階級闘争を阻害して支配階級に奉仕する社会的機能を持つ（阿片論）、という理解に立ちます。宗教＝阿片論は強烈な宗教批判の主張ですが、問題となるのは宗教それ自体ではなく、宗教を必要とする現実、とりわけ経済構造です。したがって宗教批判は、階級闘争を起動させるための重要な前提だと位置づけられています。

日本反宗教同盟は「スローガン」として、「あらゆる形態の宗教打倒／科学的社会観の強調普及／宗教的社会主義運動の排撃／宗教的医療及び募財絶対反対／工場及び其他の団体布教絶対反対／宗教的修養団の撲滅／政治と宗教との結託絶対反対[12]」などを掲げました。

この「科学的」とは社会主義を意味します。「宗教的社会主義運動の排撃」というスローガンには、資本主義打倒とマルクス主義打倒を同時に主張する運動との対立関係をうかがわせます。(13)

続けて、「日本反宗教同盟規約」を示しておきます。

1名称　本同盟を日本反宗教同盟と称し、本部事務所を東京に置く。事務所　東京市本郷区追分町九番地。
2目的　本同盟は反宗教闘争に依り、科学的世界観の普及に努め、以て無産階級の解放を期す。
3加盟　本同盟の目的及び規約を承認して加盟を申込む者を以て同盟員とす。
4同盟費　同盟員は毎月同盟費十銭（支部のある所ではその半額は支部の費用に充てる）を納入すること、但し同盟員は機関紙「反宗教」及び反宗資料の無料配布を受け、本同盟又は支部主催の講演会、演説会には無料入場の特典を持つ。(14)

このほか、以下のような規約が設けられています。市区町村・産業等の諸団体別に同盟員五名以上で支部を組織すること（5組織）、大会・中央委員会・本部役員をもって機関を構成すること、最高決議機関として大会を毎年一回開催し、大会ごとに本部役員と中央委員から成る中央委員会を組織して次回大会までの決議機関とすること、中央委員会からは常任中央委員を選出し、それらから成る常任中央委員会に組織宣伝部・調査研究部・機関紙部・婦人部・財政部の部門を設けて事務を分掌すること（以上、６機関）、などです。どこまで実動していたのかは判明しませんが、多くの同盟員を獲得しようとする組織の意欲が感じられます。

結成大会当日は、正午から結成記念の演説会が開催されました。廣木が「開会の辞」を述べた後、以下の演説がおこなわれたようです。

「摂理、因縁、天命」宮地友次郎、「神教暴露」福井昌雄、「基督教と支配階級」泉嘉夫、また当日病気の為、出演不能となつた堺利彦氏よりの原稿を横田真二郎朗読、「反宗教運動と文学」山本和子、「宗教の階級性」中村高一、「今東光批判」葉山嘉樹、「無智への反逆」内藤辰雄、「神は死んだ」鶴田知也、「反宗教運動の必要」高津正道。(15)

ここで名指しされている今東光は、一九三一年六月に仏教青年連盟を結成し、「反宗教運動絶対反対！／仏教徒にパンと職とを与へろ！／仏教青年連盟万歳！(16)」と、反宗教運動批判の立場を明確にしていました。そのことが、日本反宗教同盟からの批判につながったのでしょう。

なお、反宗教運動に対しては、多くの宗教者が反論したり、対抗的組織がいくつも結成されたりしました。反論の内容は、マルクス主義の宗教理解が平板かつ陳腐であること、仏教が社会的機能では把握できない豊かな内面性・精神性を有することでした。

(二) 共闘の模索

日本反宗教同盟の結成は、高津が反宗教闘争同盟準備会と決別したことを大きな契機としていました。

反宗教闘争同盟準備会は、その規約に、「反宗教闘争は階級闘争の一翼であると云ふ見地に立ち、総ての勤労大衆をあらゆる形態の宗教的観念より解放し以てマルクス＝レーニン主義的世界観を獲得せしむる為の組織としての『反宗教闘争同盟』結成の準備活動を以て目的とす[17]」と示すように、マルクス＝レーニン主義の運動でした。

反宗教闘争同盟準備会は、日本反宗教同盟と同じく反宗教の姿勢を明確にした運動ですが、両組織の政治的立場や思想的基盤は異なっていました。日本反宗教同盟は無産政党を背景に合法的な運動の推進をめざすもので、社会民主主義的立場をとっていたのです。

高津は一九二五年三月の段階で福本イズムに反対して日本共産党から離れ、労農派に身を置いていましたが、同じ宗教批判の課題を持つ反宗教闘争同盟準備会の会合に出席して、社会民主主義者にも参加を呼びかけようと提起していました。

しかし、高津の働きかけは不調に終わりました。反宗教闘争同盟準備会は、社会民主主義との共闘を許容できなかったのです。そこで高津は別組織を立ちあげることになり、日本反宗教同盟の結成へといたりました。

共闘失敗の背景には、マルクス＝レーニン主義陣営における社会ファシズム論の影響を受け、プロレタリア無神論者インターナショナル（I・P・F）が社会民主主義の組織的排除という方針を採用していた事情があります。社会ファシズム論とは、社会民主主義をファシズムと同一だと位置づける見解です。反宗教闘争同盟準備会、さらに後継の日本戦闘的無神論者同盟は、眼前の現実を見据えた具体的戦略を考慮せず、その方針をそのまま実行したために、高津らの運動を攻撃の対象にしました。日本戦闘的無神論者同盟は結成と同時にI・P・Fに加盟しますので、そうした判断は自明の事柄だったのでしょう。このことは、当事者にとっては信奉する主義への誠実さの表現だったのかもしれませんが、反宗教運動の分断と孤立を招くことになりました[18]。

日本反宗教同盟の機関紙『反宗教』からは、運動の拡大や連携のために、種々の取り組みを展開していたことがわかります。同盟員獲得をめざして本部やメンバー宅で研究会を頻繁に開催するとともに、出張講演にも力を割いていました。また、全国水平社の反宗教闘争の方針に注意を向けたり、一九三一年六月一九日に結成された労農文化連盟に参加したりもしています。なお『反宗教』は、労農文化連盟で高津が中央委員、廣木が中央常任委員、小沼良太郎が書記をそれぞれ務めると報じています。(19)

(三) 宗教批判の展開

高津は、『反宗教』第一号に「反宗教運動の任務」と題する論文を掲載しています。巻頭に掲げられた同論文は、運動の基本的立場をよく示していますので、詳しく追ってみましょう。高津はまず、

支配階級と被支配階級とはいま三つの戦線に於いて日々鋭く抗争してゐる。
一、政治戦線
二、経済戦線
三、思想戦線（中略）
この第三の思想戦線に於て支配階級の用ひるところのものには、教育、哲学、道徳、

日本反宗教同盟準備會々報

第一號

反宗教

東京市本郷區追分町九番地
日本反宗教同盟準備會

主張

反宗教運動の任務

高津正道

『反宗教』第1号（1931年10月1日）

歴史、文学、美術、演劇、ラヂオ、映画、スポーツといふ風に種々なものがあるが、宗教も亦この中で重要な役割を演じてゐる。[20]

と述べ、階級間の抗争が政治・経済・思想の三つのレベルで生じており、このうち思想の領域で宗教が担っている役割に注意を向けています。そして、

その他宗教家が行ひつゝある事業は、多くは支配階級の意志を受け、又は迎へてゐるのであつて、例へば、

刑務所教誨―司法省
軍隊布教―陸海軍両省

工場布教―商工内務両省
思想善導―内部《（マヽ）》、文部
鉄道布教―鉄道省
海外伝道―拓務、外務
他の社会事業―全政府
上段の宗教家の活動は、下段の支配階級行政部のそれぞれの仕事を代行してゐるものに外ならない[21]。

と、宗教家が支配階級の側に与する実態を具体的に指摘しています。伝統教団による特殊布教を幅広く取り上げ、それらを各省庁の「仕事」に結び付けているのが特徴的です[22]。こうした現状認識は次の主張に展開します。

宗教は人間がその不安と悲惨と貧乏との状態から解放されるべき唯一の方法たる社会主義を知らずして、其等の悲惨から精神的に解放される道を説くものであつて、それは明白に社会主義の敵である。宗教は奴隷道徳を鼓吹して、民衆の正当なる不平、不満を諦らめさせ、幻想的幸福を民衆に与へて階級的自覚を妨げるから、それは無産階級にとつ

ては断じて阿片であり、毒瓦斯である。(23)

ここには、社会主義にとって宗教が敵対すべき相手であることが説かれ、阿片論にもとづく宗教批判が繰り出されています。そして高津は、「反宗教運動は前述の理由に依て、何よりも無産大衆を宗教の束縛より切り離し、階級闘争の戦線に送り出すことを任務とするものである」(24)という結論を導き出しています。すなわち、反宗教運動によって階級闘争を担う主体を形成すること、これが高津のモチーフでした。

高津の宗教批判は、具体的な事例を捉えて展開していきます。以下、『反宗教』に掲載された論考をいくつか確認してみましょう。

一九三二年三月、高津は「募財拒絶賽銭不納同盟を提唱す　本願寺、天理教等一切の宗教の飽くなき搾取に抗議せよ!!」(『反宗教』第四号)で、経済恐慌や凶作の現実を踏まえ、そのなかで宗教の果たす役割に鋭くメスを入れています。

考へても見よ。一般無産大衆はもう生活に疲れ切つてゐる。経済恐慌の嵐に家を奪はれ、財を飛ばされた中小工業者と小商人、また工場及び個人経営の破滅による二百万以上の失業者は、陸に揚げられた魚の如き窮状にある。

農村恐慌は農民を餓死線上に追まくつた。税金は高く、肥料と金利は高く、彼等は豊年でも飢饉の生活である。

然るに、東北北海道には大凶作で、死線を放浪してゐる者が三十万もあるのだ。

一般大衆がかくの如く破滅の途を歩んでゐる時、そして購買力が刻一刻に衰へつゝある時、金輸出再禁止によつて物価は三四割引上げられた。

働らく民衆のかくの如き受難期には、有閑寄生階級たる宗教家は数世代に亘つて搾取し貯蔵したる一切の宝物を生産大衆に提供するこそ人間の道であるのに、反つて恒常的搾取の外に更に臨時的募財を今日行ふことは許すべからざる非道である。

葬式だ、法事だ、氏神の祭だ、神社の修繕だ、彼岸会、報恩講、盆だ、御会式だと言ふ風に、彼等はあらゆる事件で搾取する。本願寺では永代経だとか、帰敬式だとか、御法主面会料だとか言つて信者の金を取り上げる。法主とは何か。搾取者の一張本人ではないか。法主の伝灯（ママ）報告会とは何か。搾取の事業が更に継続するといふ悲むべく憎むべきお祭り騒ぎではないか。

無産団体の組織内にある同志と、其他の反宗（ママ）の共鳴者が、今後あらゆる機会を捉へて寄附募財拒絶、賽銭不納の必要を高調し、その周囲に其のための同盟を組織して、宗教的搾取を防禦することを、日本反宗教同盟は衷心より希望するものである。[25]

このように高津は、民衆が経済的危機に直面しているにもかかわらず、宗教家による搾取の実態があることを批判しました。状況の深刻さに関する具体的な描写と、本願寺派の法主に対する明確な批判が特徴的です。この論考が発表された翌年には、本願寺派の法主の代替わりにともなう伝灯奉告法要が予定されており、寄付が募られていました。高津はそうした状況を捉えて右のように論じていたのです。

一九三二年八月、高津は「斎藤内閣行政活動の一局面」（『反宗教』第六号）で、五・一五事件後に発足した斎藤実内閣を取り上げ、斎藤が朝鮮総督時代に朝鮮仏教団に深く関係したことや、中央教化団体連合会の会長職にあったこと、さらに斎藤内閣の閣僚たちと宗教との関係にふれつつ、次のように訴えています。

宗教宣伝に迷ふな。スポーツに欺されるな。戦争宣伝に昂憤するな。だから吾等の運動に於いて、この内閣の思想善導、国民教化、戦争宣伝を暴露して、大衆をして正しき闘争の正道を歩ましめることは極めて緊要である。／資本主義代表には資本主義打倒は行へない。されば彼等の行ふことは、大衆の要求をいかにごまかし、いかにそれを他へ外らすかにある。[26]

「マルキシズムと宗教」講演会ポスター
（高津正道資料室蔵）

高津は、反宗教運動によって政府のイデオロギー政策の問題性を抉り出し、「正しき闘争」へと大衆を導くことをめざしています。資本家との対抗的位置にある大衆は、そのイデオロギー政策に攻囲されているわけですが、だからこそ資本主義を打倒する闘争の担い手になりえると論じたのです。

『反宗教』に関しては史料蒐集《しゅうしゅう》の困難さもあって、私も第六号（一九三二年八月）までしか確認できておらず、組織の規模や機関紙の発行部数をはじめ、高津やその他メンバーの宗教批判が、その後どのように展開・終息していったのかについては、史料発掘も含めて今後の課題にせざるをえません。[27] なお、高津正道資料室（羽倉文化史蹟記念館）に保管されている史料群には、当時、高津が登壇した宗教批判の講演会のポスターが含まれており、その活動の一端がうかがえます。

高津個人に即して追跡してみれば、一九三六年一二月に刊行された『邪教新論』が宗教批判の成果となります。その「序」で、高津は自身の立場をこう表明しています。

搾取する、科学に反対してインチキ治療をする、科学的世界観に反する諦らめを説く、精神主義を宣伝する――かくのごときものは、何よりもまづ、無産大衆にとつては、この上なき害毒であり、またその階級運動にとつては、大なる妨碍物である。吾々はあくまで、かかる妨碍物を除去しなければならぬ。かくの如き邪教にまでも取りすがらざるを得ざる大衆に対し、声を限りに呼びかけねばならぬ。／「その道は違ふ。無産者解放、社会改造運動といふこの本道

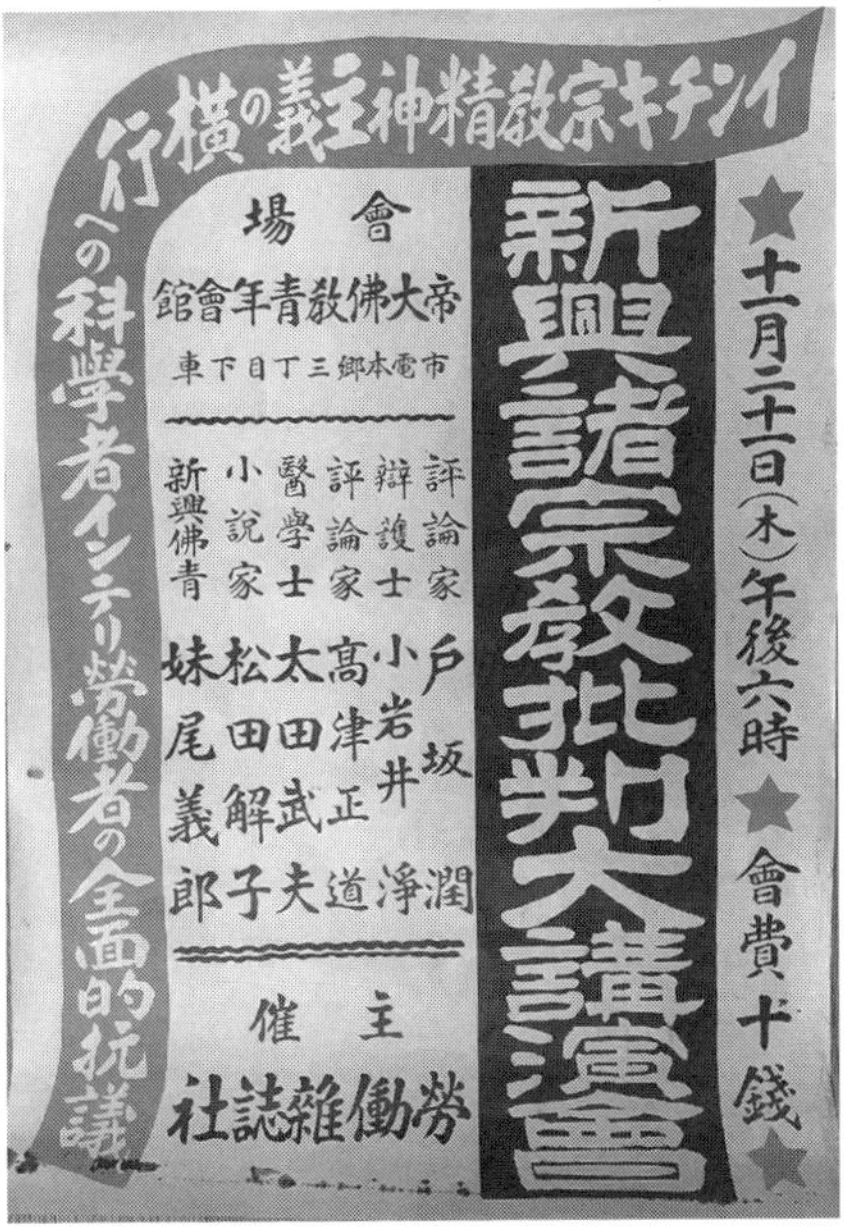

「新興諸宗教批判大講演会」ポスター
（高津正道資料室蔵）

に、一日も早く出て来たまへ」と。[28]

同書は右の立場から、ひとのみち、大本、天理教、金光教、生長の家、友松円諦と真理運動を批判的に分析しています。そして、これら「邪教」を捉える視点は、同書の末尾に次のように説明されています。

貧乏といふ事実をそのままにして、当人の精神だけをそれに適応させて、真実を掩ひかくすことに、われわれ無産者運動に従つてゐるものは断乎として反対する。そんなことは問題の解決ではなくゴマカシである。宗教家などといふものは、その信者に云はせれば「世を救ふ人」といふ意味であるらしいが、事実は無産大衆をこのやうに迷路に導くことが多い。これに反して我々は、大衆が貧乏をしなければならぬ経済的・政治的諸原因を除去するといふ合理的な科学的な方法によつて、貧乏といふ事実を無くしてしまふより外に道はないことを確信してゐるので、そのことを断言し、また及ばずながらも実行運動に努めてゐるのである。[29]

批判対象が伝統教団や教化団体から新宗教に転じているとはいえ、高津は宗教＝阿片論と反映論にもとづく反宗教的立場を維持しています。現実の経済状況そのものを解決するることで、大衆を宗教から解放しようと考え、運動を続けていたのです。

また、同書の主たる課題は書名のように「邪教批判」ですが、「既成宗教こそ、支配階級と結ぶことにおいて、新興諸宗教より、より歴史的でもあり、したがって、より鞏固であり、この意味からは、一層批判解剖に値ひする(30)」とも記されています。つまり高津は伝統教団への批判的視点を失ったわけではなく、変化する宗教状況に即して批判を繰り出していたのです。

他方で見落とせないのは、高津の宗教批判が天皇制国家の宗教性への批判を欠いていたことです。近代日本の統治は、天皇の神聖性・絶対性を軸としており、国家そのものが宗教性を纏《まと》っていました。マルクス＝レーニン主義の運動のなかでは、三二年テーゼ以降にいわゆる絶対主義的天皇制への批判が進められ、天皇制の宗教性を批判した論考も発表されていきます(31)。

高津は、各省庁と伝統教団の特殊布教との関係性については鋭く切り込んでいましたが、天皇とその国家の宗教性に関しては、どう考えていたのでしょうか。高津はマルクス＝レーニン主義とは距離をとっていたため、三二年テーゼの影響を直接的に受けることはなかったのかもしれませんが、高津には法主制への批判がある以上、慎重な検討を要するでしょう。なぜなら、法主制と天皇制は相似形のシステムだからです[32]。高津らの反宗教運動と天皇制との関係については、今後、重要な検討課題となるはずです。

三　高津正道の親鸞

（一）親鸞像の形成

最後に、高津の親鸞理解について検討してみます。というのも、高津は鋭い宗教批判を展開していたわけですが、親鸞に対しては他の宗教とは少し違う態度で接していたように思われるからです。

後年高津は、一八歳で京都に出て勉学に励んでいた頃のことを、次のように振り返っています。

京都で学んだことが、もう一つある。宗祖親鸞上人《（マヽ）》は鎌倉時代の名僧で、比叡山の天台宗、高野山の真言宗の僧侶が赤や黄や紫の法衣、金襴の袈裟を着飾って、大名や武家、いわゆる権門勢家に出入りするのを仏教の堕落として、自らは墨の法衣、墨の袈裟を身にまとい、寺院も街中や村落に建てて法を説いた。彼らのが貴族的仏教であれば、親鸞のは庶民的仏教であった。／これは明らかに仏教改革である。これは私の独断でなく日本仏教史上の常識であるのに、親鸞を祖師と仰ぎ、その本流をもって任ずる東西両本願寺の派手な貴族的な在り方を、京都でまのあたり目撃して、宗教改革、とくに本願寺改革を志さないわけにはゆかなかった。(33)

ここからは、京都時代の高津が宗教改革、さらには本願寺改革を意識していたことがわかります。高津はその手がかりを親鸞の「庶民的仏教」に見出しました。同時に、そのような親鸞像とは異質な本願寺の「貴族的」現状に対して批判的認識を持つようになったのです。

京都での勉学を終え、二三歳で南光寺第九世住職となった高津は、そうした親鸞像を打ち出すことの困難さに直面しました。次の回想には、自身の思想と郷土とが調停不能に陥り、郷土を離れざるをえなくなった経緯が記されています。

私自身についていえば、近村の寺や青年団から招かれて、講演や説教に出かけた。初めのうちはそうでもなかったが、いつとはなく、郷土で注意人物視されているのがわかった。親鸞をほめるのはよいが、「親鸞に帰れ」という部分が彼らを刺激しているのだった。

娯楽もすくなく、報いられることのすくない農民に青年住職が同情するのはわかるが、大都市の貴族富豪の贅沢ぶりと、農民の貧困とを対照して説いてゆく、あれは柔順な勤労農民を扇動することになる、という論理である。／私が思想を改めないかぎり、郷土は私を容れないのである。私は寺を捨てて上京する決意をした。(34)

高津の「親鸞に帰れ」という呼びかけは、郷土の人びとには現状への批判を含む危険な発言に聞こえたはずです。現状に問題がないのであれば、何も「帰れ」などと呼びかける必要はないからです。一方高津も、そのように呼びかけるほかに術《すべ》を持たなかったのかもしれません。

(二)「御同朋、御同行」

高津の親鸞回帰の志向性は、彼の宗教批判とどのような関係にあったのでしょうか。高津が宗教批判を説いていた時期に、親鸞がいかに取り上げられたのかを確認してみましょう。

高津は『無産階級と宗教』で、仏教と無産者運動との関係を積極的なものへと捉え返す際、親鸞の「御同朋、御同行」の言葉が重要な思想的根拠となり得ることを、こう説いています。

仏教が無産者運動に対する「反対」から「中立」へ、更に或は、「協働」へと進まうとする場合があると仮定するに、その場合祖師の説教中にそれを許し、又奨励する言葉があつたならば、その宗派はどんなに便宜を得ることであらう。そして、真宗には実にその言葉——意見がある。それは誰でも知る祖師の「御同朋、御同行」の語である。この祖師の言は、仏教マルキスト！　には、何だか火事の場合の非常口のやうな、とても大切なものに思へる筈である。[35]

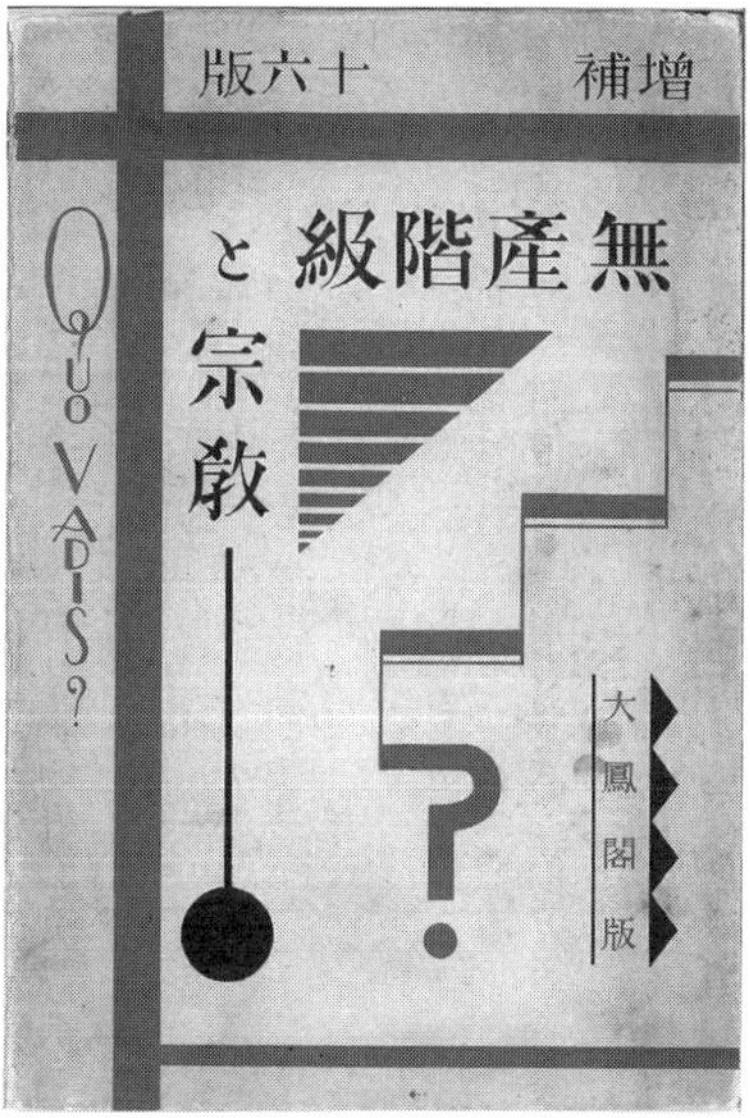

『無産階級と宗教』増補改訂版

ここには仏教とマルクス主義との結合の可能性を、親鸞を通して模索する高津の姿勢が見られます。宗教批判を展開する以上、親鸞への批判も視野に入っていたはずですが、高津は親鸞の「御同朋、御同行[36]」に積極的な可能性を探り当てようとするのです。

親鸞は当時、時の政府から危険思想家として師法然と共に、流罪の処分を受けた。そして関東に下つて熱心にその往生思想を宣伝し、念仏を喜ぶ信者が各所に増えて行つた。然し、親鸞は彼等に対して、弟子といふ心持を棄てゝ、全く同朋（兄弟）の態度で交はつた。[37]

高津はこのように、親鸞の在世当時の社会的位置や他の念仏者との関係性を押さえたのです。実は親鸞の同朋主義をめぐっては、大正期に大谷尊由『親鸞聖人の正しい見方』（興教書院、一九二二年）が初期水平運動の親鸞像に対し、「聖人の同朋主義の価値は、之を法悦生活の上に体験せねばならない、社会改造の基調などに引き付けるには、余りに尊と過ぎるのであります[38]」と批判を加えていました。高津はこの議論を念頭に置きながら、次のような想定問答を描き出してみせます。

私は現代に親鸞が生れてゐればといふ仮定の上に立たず、あの時代の親鸞に対して、若し誰かゞ、「同一に念仏して別の道なければ四海の内を通じてみな兄弟なりと承はりますが、働らく者がこれほどに生活に苦しみ、徳なく学なく労働なき徒があれほどに豪奢な生活をするといふ現実は、全く兄弟の実がありません。」と質問すると、親鸞は先づ必らずかう教へたであらうと思ふ。「それは困つた状態だ。その豪奢な生活者に譲歩せよと勧説するのだね。それをやり給へ。」質問者が再び、「いくら勧めてもそれに応じやうともしません。そこで、食へない民衆は全部自殺するわけには行かず、もう堪えられなくなつて、働らく者はすべて食へるといふ新社会を造る社会改革運動を初《（ママ）》めました。親鸞教徒はいづれに味方したらよいでありませうか?」私は親鸞はかういふ民衆の多数の死活問題を以て問はれると、必らずかう答へたであらうと思ふ。「富豪側はどうしても譲歩しないつて。それは気の毒な人達だ。だがその人達を憎んではならぬ。また民衆は改革運動を初めたつて。それは止むを得ない道なのだらう。念仏者としては、その改革運動が不自然な犠牲を造らず成功するやう念仏しつゝ応援するほかあるまい。[39]」

高津は、親鸞の宗教が現実社会の構造と無関係に成立することなどありえないと考えていました。生活苦に直面する多くの民衆がいる状況に対し、親鸞ならば改革運動を念仏しつつ応援しながら、同時に、富豪側を憎まないよう説くと理解していたのです。

以上のように、高津は宗教批判を繰り出しながらも、親鸞に積極的な可能性を読み込もうとしています。つまり、親鸞の宗教には社会改造運動を阻害する阿片とは別の可能性が潜在すると考えていました。

(三) 反宗教論的転回

しかし、『搾取に耽る人々』では、こうした親鸞理解を確認できません。『無産階級と宗教』と執筆・出版の意図が異なるためなのか、そもそも親鸞理解が大きく変化したのかはわかりません。では、高津がどのような親鸞理解を示したのかを、具体的に確認してみましょう。

高津は、親鸞の生まれ成長した時代を源平争乱期の「暗黒時代」と把握したうえで、親鸞について次のように論じています。

この種の時代とは戦へないし、戦つても勝てないものだといふ思想が、彼〔親鸞―引用者〕の教義の重大な特徴となつてゐる。彼はその政争の苛烈と民衆の生活苦との根本的救治策として、政治の改革や経済的改造を提案しはしなかつた。彼は宗教家であつたから、その政治的、経済的人間苦の事実はそのまゝにして置き、それを眺める人間の精神を改造しようとした。極楽往生の思想の提唱がこれである。(40)

ここには、親鸞を宗教＝阿片論に解消する姿勢があります。高津によれば、真宗は「人間の生活苦そのもの、根本的解決を延期したもの[41]」であり、「反動的」性格ということになるのです。

高津はまた、「親鸞はこの仏教が貴族の玩弄物となつてゐるのを嘆き、平民の間に真宗を宣伝して行つた」のだが、それは「最も苦しめる者を最も長く諦らめ、忍ばせてゐたといふことであつて、言ひ換へれば真宗が各時代の支配階級にとつて此上もない貢献をして来た[42]」と述べています。

『搾取に耽る人々』

他方で高津は、本願寺について、「親鸞のこの教義を今日に伝へて宣伝してゐるのが真宗で、本願寺はその家元、宗家と言つてよい他位《ママ》である。然し、今日の本願寺の宣伝するところ、行ふところには親鸞の主義とは可なり違つた点が見出される[43]」と述べ、「親鸞に対する本願寺の裏切り」を次の四点にまとめています。すなわち、「大伽藍宗教への発達[44]」「その子孫の奢侈的生活[45]」「繁雑なる階級組織[46]」「法主の世襲制度[47]」です。

以上のような本願寺への厳しい評価は高津に一貫したものですが、親鸞理解に関しては『無産階級と宗教』とは異質な内容を読み取ることができるでしょう。とするなら、『無産階級と宗教』と『搾取に耽る人々』の間には、いったい何があったのでしょうか。『無産階級と宗教』の改訂増補版には、先の「親鸞の御同朋主義」の末尾に、「この一文は著者が宗教の反動化防止の目的で宗教家の読者を相手に書いたものであるが、今日は完全に「反宗教」の立場のほかに吾等の立場は有り得ないことを認めてゐる。このことは別著『搾取に耽る人々』を参照されたい[48]」との著者註があり、高津自身が立場の変化を説明しています。

高津自身の説明によれば、『無産階級と宗教』の親鸞像は「宗教の反動化防止を目的」として宗教家に発言したものだったわけですが、彼の言論活動を追跡してみると、もう少し複雑な構造があるように思われます。そこで、『無産階級と宗教』と『搾取に耽る人々』との間の時期に、高津がどのように宗教を論じていたのかについて確認してみましょう。

（四）宗教との連帯可能性

一九三〇年一月一六日、「マルキシズムと仏教」座談会が開催されました。大鳳閣法界雑爼社と中外日報東京支局が共催し、長谷川如是閑・宇野円空・江口渙・高津正道・村松正俊・

大宅壮一・服部之總・三枝博音・真渓蒼空朗（司会）が参加しています。

座談会で高津は、マルクス主義の運動と宗教家との共闘の可能性を探りますが、これには江口や服部から厳しい反論を受けることになりました。マルクス＝レーニン主義を信奉する人びとにとって、高津の立場は不適切だと考えられたのです。

他方、高津は具体的な現場を意識した議論に軸足を置き、マルクス主義の宗教批判を教条的に振り回す理論家たちに向き合っています。たとえば、労働者の運動に従う者たちの葬式をどうするかという問題に論及していくのも、そうした立場からの議論だと思われますし、次のような宗教と無産階級との合流可能な地平を展望しているのも、その一環でしょう。

原理論から言へば宗教は阿片であるかも知れない。併し現在宗教団体に属して居る所謂宗教家其ものは、現在のやうな段階に於ては集団それ自体全体的には無産階級の指導理論といふか、解放理論といふかそれに一致したやうな行動を取り得ないかも知れない。併し或部分は実際問題としてはこつちに来る場合があり得ると思ふ。要するに社会主義運動に一致して行動し得る場合があると思ふ。所がそれはどう云ふ形を取るか、どう云ふ線を歩むかと云ふと、平和運動を宗教家がやる。それからもう一つは免囚保護事業の一部をなすものであるかも知れないが、監獄へ這入る社会運動家の遺族を救援すると云ふやうな、さう云ふやうな形を一つ考へることが出来る。(49)

高津は、宗教家による平和運動や刑務所に収監された社会運動家の遺族への支援が、無産階級の理論に一致した行動となる可能性を指摘しています。宗教との全面的な合流は困難であるにしても、宗教との部分的な連帯を模索していたのです。

奥田宏雲編『社会科学と宗教』(大東出版社、一九三〇年)には、マルクス主義の宗教批判に共感的態度を示した論者たちの意見がいくつも掲載されています。高津は同書に論考を寄せ、こう述べています。

宗教界にも明らかにブルヂヨアとプロレタリアとがあつて、小寺は大寺の小作人の如きものである。その小作人的立場にある宗教家が、ブルヂヨア的にこの労働資本の闘争を眺めてゐるのは悲惨である。宗教家中に、若し少しでも無産者運動に理解ある態度に出る者ありとすれば、それはこの小作人宗教家の間からであらうと思ふ。私も小作人的小寺院出身者の一人である。(50)

高津は、自身の「小作人的小寺院出身者」という経歴を想起しながら、「小作人宗教家」には無産者運動との連帯可能性があると指摘しています。つまり高津は、宗教界にも資本家と労働者の対立に重なる問題がある以上、単純な反宗教論では不十分だと考えていました。そして高津自身は「小作人的小寺院出身者の一人」として、その問題状況に向き合っていたのです。

高津の立場は、東西本願寺に代表される大寺院や教団指導者への厳しい批判を一貫しつつも、全宗教を一括して否定するものではありません。それは、マルクス＝レーニン主義の宗教批判と対照するとき、どうにも不徹底なものに映じます。しかし高津の目的は、宗教批判の理論や運動それ自体ではなく、困難な現実に直面する当事者の一人として、大衆とともに解放をめざすことにあったのではないでしょうか。

おわりに

高津は、無産者大衆から搾取する支配階級と宗教とが一体化しているという危機感を持っていました。そのため、反宗教運動を大衆の解放にとって極めて重要な実践だと位置づけていたのです。そして無産政党を背景にした合法的な運動を推進しました。

日本社会では一九三四年あたりから「宗教復興」現象が起こり、いわゆる新興類似宗教が激増しました。そうした状況に対し、日本戦闘的無神論者同盟は一九三四年五月にリーダーの川内が検挙されて組織活動が困難になっていた一方で、高津は鋭い批判を繰り出していました。高津の宗教批判は合法的活動だったこともあり、持続的な実践となりえたのです。

高津の反宗教論の骨格は、浄土真宗（特に本願寺派）の現状を参照しながら組み立てられていました。高津の経歴からして当然のことかもしれません。高津は東西本願寺や教団指導者の動向を詳細に追跡し、鋭い批判を浴びせ続けました。

他方で高津の親鸞理解、特に日本反宗教同盟結成以前、『搾取に耽る人々』以前の議論からは、単純な反宗教論とは異なる主張が読み取れました。高津は、宗教のなかにも大寺院や教団指導者と「小作人宗教家」とでは立場が異なっており、後者と無産運動とは連帯する可能性があると認めていました。つまり高津は、親鸞と実体験を通して、宗教の多様な形態を捉えていたのです。そうした高津の認識は、マルクス＝レーニン主義の教条主義的態度や公式主義的な宗教＝阿片論とは異質なものでした。

にもかかわらず、高津が『搾取に耽る人々』で宗教＝阿片論に親鸞を解消したのは、本願寺批判を徹底するためでしょう。大衆生活のさらなる深刻化を防ぐためには、支配階級に奉仕する本願寺を全面的に批判しなければならない――、高津はそう決意し、親鸞理解を転回させたのではないでしょうか。後年の回想のなかに示される親鸞理解や、わずかに残された戦後の宗教論から、私はそのように推測します。

戦後、高津は「社会主義と仏教―二十世紀の四つの大事件」（『仏教思潮』第三巻第一号）と題する論文で、二〇世紀の四つの特徴として、大戦争、原子力利用法の発見（科学の驚異的進歩）、社会主義の流行（働く階級の解放の蔓延）、植民地の解放（付け加えて小国や中国の発言権の拡大）を指摘し、そのうち「第三の特徴たる大いなる歴史の流れの促進者となつて頂きたい」[51]と僧侶に呼びかけています。あわせて、ソビエト流の無産階級独裁をとる共産主義ではなく、また東欧・中国での共産党主導の人民民主主義でもなく、民主主義の方法によって社会主義を実現していくことを提唱しました。

同論文は、「仏教は社会主義によつて失う所は何一つない。日本社会党は仏教を排斥などしない。せめては諸君が、まず本気に社会主義を研究されんことを望みつつ、この稿を終る次第である」[52]と結ばれています。このように戦後の高津は、仏教と社会主義の架橋可能性を再び模索し、仏教が労働者の解放運動の戦列に加わることを期待していたのです。

高津は完全な反宗教論には踏み切らなかったため、マルクス＝レーニン主義と比較すると、その宗教批判は中途半端であいまいに映ります。ただし、高津の運動を理解するには、理論の完成度や論理の切れ味とは別の観点が必要です。

というのも、高津の実践は、自身の依拠する理論の正しさを証明するためでなく、無産者大衆を厳しい現実から解放することをめざすものだったからです。高津にとって反宗教運動は、自身が大衆の一人として、厳しい現実を突破する手がかりを模索し続けるなかで選び取った方法の一つだったのではないでしょうか。

註

（1）研究史および反宗教運動と仏教の関係については、近藤俊太郎「反宗教運動と仏教」（『親鸞とマルクス主義―闘争・イデオロギー・普遍性』法藏館、二〇二一年）参照。
（2）先行研究として、以下を参照しました。中野証「反宗教運動」（二葉憲香編『続　国家と仏教』近世・近代編、日本仏教史研究4、永田文昌堂、一九八一年）、赤澤史朗「反宗教運動」（『近代日本の思想動員と宗教統制』校倉書房、一九八五年。初出一九七九年）、津川勇『高津正道評伝』（中外日報社出版局、一九八六年）、高津正道『旗を守りて―大正期の社会主義運動』（笠原書店、一九八六年）、向井啓二「「もう一つ」の反宗教運動覚書」（福嶋寛隆編『日本思想史における国家と宗教』下巻、永田文昌堂、一九九九年）、山崎龍明「近代真宗教団と高津正道の思想」（前掲『日本思想史における国家と宗教』下巻）、林淳「一九三〇年、マルクス主義者と宗教学者の論争」（『人間文化』第二二号、愛知学院大学人間文化研究所、二〇〇七年）、同「「座談会・仏教とマルクス主義」―一九三〇年の『中外日報』」（『東京大学宗教学年報』第二五号、東京大学宗教学研究室、二〇〇七年）、同「マルクス主義と宗教起源論―『中外日報』の座談会を中心に」（磯前順一＋ハリー・D・ハルトゥーニアン編『マルクス主義という経験―一九三〇-四〇年代日本の歴史学』青木書店、二〇〇八年）、小武正教「高津正道の宗教観と僧籍剝奪」（『同和教育論究』第二八号、同和教育振興会、二〇〇八年）、池田啓悟「プロレタリア文化運動における宗教の位置づけ」（中川成美・村田裕和編『革命芸術プロレタリア文化運動』森話社、二〇一九年）。

（3）一九三〇年一〇月、高津は同書を『ロシアに於ける宗教の現状』と改題し、大東出版社から新訳版を刊行しています。

（4）高津正道「序―なぜこの書を出すか」『邪教新論』（北斗書房、一九三六年）、一頁。

（5）同前。

（6）高津正道「序」『搾取に耽る人々』（大鳳閣書房、一九三一年）、八頁。

（7）高津正道「支配階級と宗教―御文章の反動性（一）」（『読売新聞』一九三一年二月二一日）、四面。

（8）「日本反宗教同盟結成大会記」（『反宗教』第一号、日本反宗教同盟、一九三一年一一月一七日）。

（9）「本部通信」（前掲『反宗教』第一号）、四頁。

（10）「日本反宗教同盟結成大会記」（前掲『反宗教』第一号）、三頁。

(11)日本反宗教同盟「結成大会宣言」(前掲『反宗教』第二号)、一頁。
(12)「スローガン」(前掲『反宗教』第二号)、一頁。
(13)「流弾」(前掲『反宗教』第二号)、四頁。
(14)「日本反宗教同盟規約」(前掲『反宗教』第二号)、一頁。
(15)「日本反宗教同盟結成大会記」(前掲『反宗教』第二号)、三頁。
(16)「仏教青年連盟」(堀口義一編『仏教年鑑(昭和七年版)』仏教年鑑社、一九三二年)、二八一頁。
(17)「反宗教闘争同盟準備会規約(暫定)」(『反宗教闘争』創刊号、反宗教闘争同盟準備会、一九三一年六月)、一二頁。
(18)日本反宗教同盟は、結成当初から反宗教闘争同盟準備会との共闘・提携を模索していました。日本反宗教同盟の山本和子は、「他の階級運動の分野に於て凡ゆる反資本主義的要素を糾合して、戦線の統一拡大強化を目指して行く事が、目下の日本の情勢である如く、反宗教に於ても先づこの目標が立てられなくてはならないのだ。そのためにはわれ〳〵を排撃する反宗教闘争同盟との共同闘争をも決して回避しない」(「反宗教運動への一批判」『反宗教』第一号、日本反宗教同盟準備会、一九三一年一〇月、三頁)と述べています。高津たちは共闘を模索し続けましたが、両組織の共闘は実現しませんでした。反宗教闘争同盟準備会の後継組織となる日本戦闘的無神論者同盟の池田三郎(中部支部××班)は、「彼等〔日本反宗教同盟のこと─引用者〕社会民主々義者は資本家地主の完全な手先であり資本家地主の政府の強力な味方」（「日本反宗教同盟を粉砕せよ！」『戦闘的無神論者同盟』一九三一年一二月号、日本戦闘的無神論者同盟、一九三一年一二月、一二頁）と、日本反宗教同盟を厳しく論断し、敵対姿勢を明確にしています。

(19)「新文化団体連盟結成の気運熟す」（『反宗教』第五号、日本反宗教同盟、一九三二年四月、一頁）、「労農文化連盟の成立――」（『反宗教』第六号、日本反宗教同盟、一九三二年八月、二頁）。

(20) 高津正道「反宗教運動の任務」（『反宗教』第一号、日本反宗教同盟準備会、一九三一年一〇月）、一頁。

(21) 同前。

(22) 特殊布教に関しては、中西直樹「真宗布教近代化の一断面―本願寺派「特殊布教」の成立過程を中心に」（中西直樹・近藤俊太郎編『令知会と明治仏教』龍谷叢書四一、不二出版、二〇一七年）参照。

(23) 高津正道「反宗教運動の任務」（前掲『反宗教』第一号）、一頁。

(24) 同前。

(25) 高津正道「募財拒絶賽銭不納同盟を提唱す　本願寺、天理教等一切の宗教の飽くなき搾取に抗議せよ!!」（『反宗教』第四号、一九三二年三月）、一頁。

(26) 高津正道「斎藤内閣行政活動の一局面」（『反宗教』第六号、一九三二年八月）、一頁。

(27) 本稿では論及していませんが、『反宗教』には、賀川豊彦や天理教を取り上げた連載や台湾での宗教問題を論じた記事などもあります。
(28) 高津正道「序―なぜこの書を出すか」(前掲『邪教新論』)、四頁。
(29) 高津正道「我等の進むべき道」(前掲『邪教新論』)、二三八～二三九頁。
(30) 高津正道「序―なぜこの書を出すか」(前掲『邪教新論』)、四頁。
(31) 平井幸吉「絶対主義の宗教的支柱に対する闘争について」(『プロレタリア文化』第三巻第二号、プロレタリア文化連盟出版部、一九三三年二月)参照。
(32) 天皇制国家と本願寺教団の相似形的構造に関しては、近藤俊太郎「胎動する近代仏教」(島薗進・末木文美士・大谷栄一・西村明編『維新の衝撃―幕末～明治前期』近代日本宗教史第一巻、春秋社、二〇二〇年)参照。
(33) 高津正道『旗を守りて―大正期の社会主義運動』(笠原書店、一九八六年)、一八～一九頁。
(34) 同前、二〇頁。
(35) 高津正道「親鸞の御同朋主義」(『無産階級と宗教―宗教家に送る公開状』改訂増補版、大鳳閣書房、一九三一年)、二〇四～二〇五頁。
(36) 「御同朋、御同行」とは、蓮如の『御文章』が親鸞の言葉として伝えるものであり、親鸞の著述のなかには見えないが、その点についてはここでは問わない。

(37)高津正道「親鸞の御同朋主義」（前掲『無産階級と宗教』）二〇五頁。
(38)大谷尊由『親鸞聖人の正しい見方』（興教書院、一九二二年）一〇七頁。
(39)高津正道「親鸞の御同朋主義」（前掲『無産階級と宗教』）二〇六頁。
(40)高津正道「その祖親鸞の出発」（前掲『搾取に耽る人々』）、二九頁。
(41)同前、三〇頁。
(42)同前。
(43)同前、三四〜三五頁。
(44)高津正道「親鸞に背く本願寺」（前掲『搾取に耽る人々』）、三九頁。
(45)同前。
(46)同前、四一頁。
(47)同前、五〇頁。
(48)『無産階級と宗教』改訂増補版（大鳳閣書房、一九三一年）、二〇八頁。
(49)中外日報東京支局編『マルキシズムと宗教』（大鳳閣書房、一九三〇年）、二四八頁。
(50)高津正道「宗教の阿片性に就て」（奥田宏雲編『社会科学と宗教』大東出版社、一九三〇年）、三七〜三八頁。
(51)高津正道「社会主義と仏教―二十世紀の四つの大事件」（『仏教思潮』第三巻第一号、仏教連合会、一九五〇年一月)、九頁。
(52) 同前、一一頁。

参考文献

中野証「反宗教運動」(二葉憲香編『続 国家と仏教』近世・近代編、日本仏教史研究4、永田文昌堂、一九八一年)
赤澤史朗「反宗教運動」『近代日本の思想動員と宗教統制』(校倉書房、一九八五年)
津川勇『高津正道評伝』(中外日報社出版局、一九八六年)
高津正道『旗を守りて―大正期の社会主義運動』(笠原書店、一九八六年)
向井啓二「「もう一つ」の反宗教運動覚書」(福嶋寛隆編『日本思想史における国家と宗教』下巻、永田文昌堂、一九九九年)
山崎龍明「近代真宗教団と高津正道の思想」(福嶋寛隆編『日本思想史における国家と宗教』下巻、永田文昌堂、一九九九年)
林淳「一九三〇年、マルクス主義者と宗教学者の論争」(『人間文化』第二二号、愛知学院大学人間文化研究所、二〇〇七年)
林淳「「座談会・仏教とマルクス主義」―一九三〇年の『中外日報』」(『東京大学宗教学年報』第二五

号、東京大学宗教学研究室、二〇〇七年）
林淳「マルクス主義と宗教起源論―『中外日報』の座談会を中心に」（磯前順一＋ハリー・D・ハルトゥーニアン編『マルクス主義という経験―一九三〇-四〇年代日本の歴史学』青木書店、二〇〇八年）
小武正教「高津正道の宗教観と僧籍剥奪」（『同和教育論究』第二八号、同和教育振興会、二〇〇八年）
池田啓悟「プロレタリア文化運動における宗教の位置づけ」（中川成美・村田裕和編『革命芸術プロレタリア文化運動』森話社、二〇一九年）
近藤俊太郎『親鸞とマルクス主義―闘争・イデオロギー・普遍性』（法藏館、二〇二一年）

（付記）本研究はJSPS科研費JP23H00569, JP23K00072の助成を受けたものです。

第四章　高津正道の親鸞理解

小武正教

一　高津正道の宗教への視座

（一）高津正道にとっての「宗教と宗教家」

高津正道（一八九三～一九七四）の「宗教への関心」は、「宗教の教義そのもの」というよりも、「現実にその教義を掲げる教団・僧侶が何をおこなっているか」でその宗教を見ていました。それは高津が社会主義の運動家の眼で、「宗教が社会でいかなる機能を果たしているか」を見ていたということでありましょう。その思いが育ったのは、高津が生まれ育った本願寺教団の「教え」とまったく相反する現実のなかの経験が「宗教の見方」をつくったように思われます。

「宗教者は〝み教えに生きる〟という言葉の下で、この資本主義社会のなかで実際どのような働きをしているのか」、それが高津の宗教への視座であります。

そのことを高津は著書『無産階級と宗教』[1]で述べています。「宗教と宗教家は違うではないか？」と問うた友人に、「僕の心はどうしても宗教家から遊離した宗教といふものを受付けない[2]」と言っています。

そして、「私は世界の宗教界の新人の動静に対して、能ふ限り留意してゐる者であり」と断ったうえで、「米国教会の革命児ホームズ」に一章を取って紹介しています。そして「彼（ホームズ―引用者注）の思想を一言にして言へば、彼の解釈する意味に於ける基督教、社会主義、非戦論であって、これらの三者は彼の人格を通じて渾然融和している」と述べ、「青年の眼にはこの種の宗教家のみが、真の宗教家として映ずるのだ[3]」と述べています。

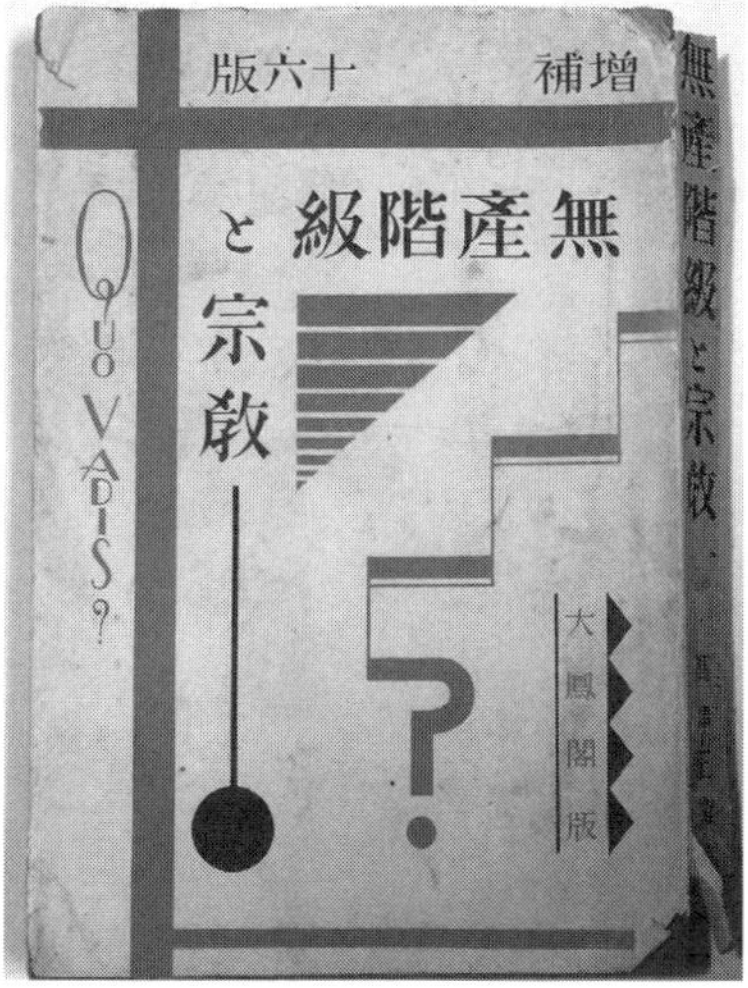

『無産階級と宗教』

高津自身は浄土真宗本願寺派の住職であり僧侶でいた時期があるわけですから、「本来の真宗」と「教団としての真宗」を使い分けている教団・僧侶の姿は知悉《ちしつ》していました。それは、真宗の「教義」で言えば、まさに「真俗二諦《しんぞくにたい》の教え」がその根底にあることも十分わかっていたと思います。

それゆえに、「宗教家にあらわれた宗教」こそが、その宗教家の宗教性そのものであり、その視点から社会主義に連帯しうる宗教者を求めたと言えるでしょう。

(二) 高津正道の宗教への向きあい方——四期に分けて

高津が生涯を通して宗教とどう向きあったか社会運動の視点から、第一章「高津正道の生涯」で四期に分けて紹介しました。

今度はそれを、宗教改革という視点から高津の生涯を四期に分けてみます。

第一期　寺院後継者として本願寺教団のなかで「宗教改革」を志した時期〈一九一八年・二六歳〉

第二期　社会主義運動に飛び込み、反宗教運動を展開するなかで、本願寺に宗教改革を期待した時期、本願寺が教化総動員運動に参加するまで〈一九三〇年・三八歳〉

第三期　宗教に対する無産者運動の態度は、反宗教運動あるのみと捉えた時期〈一九四四年・五一歳〉

第四期　宗教に対して沈黙の時期〈一九四五―一九七四年・五二―八〇歳〉

高津が宗教改革・教団改革の志をいつまで持ち続けていたのかを考えますと、最短で見れば、一九一八（大正七）年、二六歳のときに断念したとも思われます。それは、高津が故郷の寺を出て、早稲田に入学、社会主義に展望を見いだして、宗教改革・教団改革をすでに断念していたということになります。しかしそれでは、一九二九（昭和四）年に『無産階級と宗教』を書いて、とりわけ本願寺教団へ発言していった活動と符号しません。それとは別に、もし最長で見れば、津川勇が『高津正道評伝』（以下、『評伝』）に書いたように、高津が晩年、「たか山の雷鳥あわれ雪ふらば　何をあさりてひなそだつらむ」という荒畑寒村の軸をさして「これが釈尊の心だ」と言ったという言葉を紹介し、生涯を親鸞精神に生きたというように考える見方もできるのです。

二　高津正道の宗教改革への分岐点

（一）『無産階級と宗教』増補改訂版

高津の親鸞理解を考えるうえで大きな節目となる時期があったことを、高津自身が記しています。
一九二九年一二月初版の『無産階級と宗教』の「序」に、この著書を世に問うた意味を次のように書いていています。

宗教は、いま日本で無産者運動と正面衝突をしてゐるが、それはロシアでのやうに無産者政府と武力的に抗争して犠牲者をだすまで、最後まで反対し続けるものであらうか？

或は、宗教が社会運動犠牲者救援運動や平和運動に進出して、プロレタリア解放運動と共同戦線に起つものであらうか？　不徹底ながら外国には基督教社会運動と言ふものもある。

然し、宗教界でも不遇の人々や一部の青年は無産者運動に来り投ずることはあり得るが、宗教界の全体は勿論のこと、一宗一派がこの運動と協働するなどといふことは殆ど空想に近い。

現在の宗教家は所詮ブルジヨア擁護の精神的兵士である。然しその反動の強弱の程度が定つてゐるわけではない。そこで、吾々は宗教家とその団体が意識的にも無意識的にも益々反動化し行く現象に対し、少しでもそれを防止する必要を感ずる。

かくて本書は、宗教家を対象として、眼前に迫れる諸問題を論じたものである。

しかしその高津が、一九三一年四月発行の『無産階級と宗教』増補改訂版の「序」に次のように書き加えています。

増補について

本書はもと宗教界のプロレタリア青年層を我等の陣営に誘導する目的で書いたものであるが宗教のブルジョア擁護はもはや正攻法を以て臨むの他なきに至つた。著者が別に「搾取に耽る人々」を書いたのはそのためである。

然るに、「無産階級と宗教」に対する需要は今日も止まないので、この度同種の論文四つを加えて再び出版することにした。本書は日本の宗教の教義と宣伝の反動性を指摘し解剖することに努めたものであるから、その意味で今日も尚ほ存在理由を持つと信じてゐる。

一九三一年三月二十一日

高津自らが書いているように、この時期をもって反宗教の立場に立ったと語っています。

それによって高津の語る親鸞像は大きく変わるのでした。

それは繰り返しになりますが「僕の心はどうしても宗教家から遊離した宗教といふものを受付けない」といった高津の宗教への向きあい方を見失うと理解しえないこととなります。

(二) 日本反宗教同盟準備会の運動

高津たちが結成した社会民主主義系の日本反宗教同盟準備会（のち日本反宗教同盟）は、当初「宗教＝阿片論」に立ち教条主義的に「宗教撲滅」を言うのではなく、宗教者に対しても社会主義に理解を持ち社会運動に協力すべきとして日本反宗教同盟準備会への連帯を呼びかけています。高津らが反宗教運動を展開した『社会科学と宗教』(4)からまず赤松克麿の文章を引用してみます。

『社会科学と宗教』

我々は宗教を阿片だとは考へない。たゞ宗教が阿片として利用され易いものだということを認めるのみだ。宗教を阿片たらしめないやうにするためには、宗教家が社会主義を理解することである。そして労働運動や農民運動を消極的には妨害しないことであり、積極的にはこれに好意的助力を惜まないことである。更に我々の切望するところは、社会主義社会に於いて始めて真実の宗教が花を開くことを宗教家が自覚し、プロレタリアの勝利を促進することに協力することである。（中略）今や時代の転換期に際し、右か左か、資本主義の幇間か、社会主義の友か、世の宗教家は自己の所属を明かにしなければならぬ。(5)

そして高津も同書において、次のように書いています。

然し宗教界にも明らかにブルヂョアとプロレタリアとがあつて、小寺は大寺の小作人の如きものである。その小作人的立場にある宗教家が、ブルヂョア的にこの労働資本の闘争を眺めてゐるのは悲惨である。宗教家中に、若し少しでも無産者運動に理解ある態度に出る者ありとすれば、それはこの小作人宗教家の間からであらうと思ふ。私も小作人的小寺院出身者の一人である。(6)

（三）一九二九年　教化総動員運動

しかし、その日本反宗教同盟準備会の発起人でもある高津自身が、一九三一年二月の『搾取に耽る人々』、一九三一年四月の『宗教と無産階級』増補改定版において、「今では宗教に対する無産者運動の態度は、反宗教運動あるのみである」と結んでいます。ではなぜ高津がそう考えたのか、高津自身が『無産階級と宗教』増補改定版に書いた文章を引用します。

> 宗教の力に依つて精神主義を高調して根本治療を行はうといふのが政府の意見であるが、これは民衆の生活難を経費をかけず民衆の心得を変へることに依て片附けやうといふ文字通りの予防策である。教化総動員はこの根本戦略から派生してゐるところの運動で、支配階級の無産階級に対して行ふ階級闘争の一形式である。現在の既成教団の行ふ思想宣伝は、本来民衆の自覚的精神を服従へ、諦らめへと導くものであることは、社会主義者の常に指摘するところ《（ママ）》であるが、教化総動員は、支配階級が労働対資本の階級闘争の生々しい現実をはつきりと認識して、それの有効なる、然かも比較的安上がりの戦術として選び出したるものである限り、既成教団のそれへの参加は、在来の国産奨励運動や、貯金奨励運動等への参加とは違つた意味を持つて来る。今回の参加以後は、もはや宗教家のその反動—無産階級運動反対、資産階級擁護は無意識的だとは言へなくなつ

たのである。教団の要路に、時代を見るの明ある人物を欠くがためか、教団の要路が保守派に依て固められてゐるがためか、とにかく昭和四年、日本の宗教界は意識的なる、闘志旺んなるブルジョア軍に編入登録されたのである。後の史家は必ずや、私のこの断定の如くに史実を記すであらう。(7)

「教化総動員運動」は一九二九年九月より、文部省の指導の下で、国民教化の組織運動として教化総動員運動が進められました。修養団・希望社・報徳会といった教化団体ばかりでなく、宗教団体も動員されました。この運動は世界大恐慌に対し、時の浜口内閣の「綱紀粛正と思想善導」を掲げた国民統合政策で、本願寺教団もそのなかに組み込まれていったのです。

三　高津正道の二つの親鸞像

(一) 無産階級の立場で生きた親鸞像

高津は、一見して異なる二つの親鸞像を書いています。一つには、無産階級の立場で生きた親鸞像であり、もう一つには、「来世主義」を説き、「現世への忍従」を説く親鸞像です。

それは「宗教者に対し、社会主義に理解を求めるため描いた親鸞像」がある一方で、「もはや宗教者に社会主義への理解を得るのは不可能」として「宗教は阿片なり」の視点から明らかにした親鸞像でもあると言えましょう。

まずは、高津の描く親鸞像のひとつ無産階級の立場で生きた親鸞です。それは『無産階級と宗教』の初版にあらわされる高津の親鸞像です。

宗教もそのオリヂナルな教義は概して反無産階級ではない。後世の附加した部分が問題である。教祖又は宗祖の言行も概して反無産階級的ではない。エチ・ジー・ウエルスがその大著『世界文化史大系』の中に説述してゐるがまゝの基督や、釈迦には、現代のプロレタリアは共鳴こそすれ、どうして反感が持てやう！(8)

そして、高津の無産階級の立場で生きた親鸞像として最もよく描かれているのは、『無産階級と宗教』第四版増補改定版に、高津が新たに「親鸞の御同朋主義」(9)として書いた一文です。高津は『無産階級と宗教』増補改定版の最後の一文を「今では宗教に対する無産者運動の態度は、反宗教運動あるのみである」(10)と結んでいます。だからこそ、新たに書き加えた「親鸞の御同朋主義」の一文は、高津の本願寺に対する「惜別の辞」とも言える文章ではないかと思います。

ここに高津が受け止めていた親鸞像が最もよくあらわれています。「現代の資本主義社会の中で親鸞ならどうしただろうか」という問いを立て、その問いに（高津の考える）親鸞ならこう答えるであろうという非常に具体的な内容になっています。少し長文ですが、引用します。

然し、仏教が無産者運動に対する「反対」から「中立」へ、更に或は、「協働」へと進まうとする場合があると仮定するに、その場合祖師の教説中にそれを許し、又奨励する言葉があつたならば、その宗派はどんなに便宜を得ることであらう。そして、真宗には実にその言葉―意見がある。それは誰でも知る祖師の「御同朋、御同行」の語である。この祖師の言は、仏教マルキスト！　には、何だか火事の場合の非常口のやうな、とても大切なものに思へる筈である。

親鸞は当時、時の政府から危険思想家として師法然と共に、流罪の処分を受けた。そして関東に下つて熱心にその往生思想を宣伝し、念仏を喜ぶ信者が各所に増えて行つた。然し、親鸞は彼等に対して、弟子といふ心持を棄てゝ、全く同朋（兄弟）の態度で交はつた。その意味をかう説いてゐる。「親鸞は弟子一人をも持たぬ。その故は、わが力で念仏を申させたならば弟子とも云ひ得られるか知れぬが、本願の念仏はひとへに仏智の授け給ふところである。その他力に催されて念仏を称へるやうになつた人達を、わが弟子だなど、思ふのは宜しくない。親鸞は珍らしい法を弘めてはゐない。たゞ如来の教法を我も信じ、人にも教へ聴かしめるばかりである。我は如来の御代官をつとめるのみである。そのほかに何を弟子と言はうか。さればみな我が御同朋である、御同行である。」

正当派の当局者大谷尊由氏はこれを次のやうに説明してゐる。「近来各方面に、親鸞聖人の同朋主義、平等主義なるものが唱道されつゝあります。中には現時の階級打破思想の先駆者として、社会改造論の聖壇に祭り上げやうとする人もあるやうであります。（中略）然し親鸞聖人の御同朋の思想は、法性平等、迷悟一如といふが如き仏教通有の思想ではないので、聖人は非師弟主義の態度に立たれたのであります。この師ではない、弟子ではない、共に泣き共に喜ぶ同じレベルの友達であるといふ御同朋主義なるものが聖人の特色なので、これあるが故に他力教の信者は、永遠に聖人と同一の信境に逍遙することが出来るのであります。それ故に聖人の同朋主義の価値は、之を法悦の生活の上に、しみ〴〵と体験せねばならない。一時の社会改造などに引きつけるには余りに尊と過ぎるのであります。」

然し、この解釈はこの祖師の真意をあまりに狭く限定してはゐないだらうか？　私は現代に親鸞が生まれてゐればといふ仮定の上に立たず、あの時代の親鸞に対して、若し誰かゞ「同一に念仏して別の道なければ四海の内を通じてみな兄弟なりと承はりますが、働らく者がこれほどに生活に苦しみ、徳なく学なく労働なき徒があれほどに豪奢な生活をするといふ現実は、全く兄弟の実がありません。」と質問すると、親鸞は先づ必らずかう教へたであらうと思ふ。「それは困つた状態だ。その豪奢な生活者に譲歩せよと勧説するのだね。それをやり給へ。」質問者が再び、「いくら勧めてもそれに応じやうともしません。そこで、食へない民衆は全部自殺するわけには行かず、もう堪えられなくなつて、働らく者はすべて食へるといふ新社会を造る社会改革運動を初めました。親鸞教徒はいづれに味方したらよいでありませうか？」私は親鸞はかういふ民衆の多数の死活問題を以て問はれると、必ずかう答へたであらうと思ふ。「富豪側はどうしても譲歩しないつて。それは気の毒な人達だ。だがその人達を憎んではならぬ。また民衆は改革運動を初めたつて。それは止むを得ない道なのだらう。念仏者としては、その改革運動が不自然な犠牲を造らず成功するやう念仏しつゝ応援するほかあるまい。」

蓮如は王法為本を説き、年貢所当をつぶさに納めよと勧説してゐる。これは社会への合流である。同様の意味で、社会を構成する大多数が、社会改革（それも生命を維持するため）を行はうとする場合に、宗教家はそれへ合流して何の差支へもないのみか、御同朋主義は法の上での兄弟といふ抽象的の方面のみでなく、経済的政治的社会的にも生きるためには進んで努力してよいわけである。

親鸞を新しく化粧することを好まぬ人が本山当局者に多いやうであるが、信仰の中核より派出したるこの対人間の思想御同朋主義は、現代の社会人としての常識くらいの考へ方を含んでゐたとみるべきであらう。

しかしこの「親鸞の御同朋主義」の加筆はすでに本願寺が「教化総動員の運動」に参加した後のことです。この文末に（　）として高津は次の一文を置いています。

（著者註　この一文は著者が宗教の反動化防止の目的で宗教家の読者を相手に書いたものであるが、今日は完全に「反宗教」の立場のほかに吾等の立場は有り得ないことを認めてゐる。このことは別著『搾取に耽る人々』を参照されたい。）[11]

（二）「来世主義」を説き、「現世への忍従」を説く親鸞像を描く

高津は、本願寺が教化総動員運動に参加してからは、「もはや反宗教の立場に他なし」の立場に立つと宣言し、その具体的運動として親鸞像を『搾取に耽る人々』で描いていきます。

それは本願寺教団が、親鸞の教えに帰っていくことのないことを見切り、本願寺のもたらす社会的害悪を少しでも小さくするため「負の親鸞像」を描いたということだと思います。もちろんその「負の親鸞像」は「現実の宗教者を離れて、本来の宗教を考えることができない」と高津が言うように、現実の真宗教団のありようを反映した親鸞像であると言えましょう。高津が『搾取に耽る人々』に描いた親鸞像です。

『搾取に耽る人々』

真宗の創立者親鸞は実にかくの如き暗黒時代に生れて成長したのである。宗教はマルクスに依れば、民衆の幻想的幸福であり、抑圧せられたる活き物の嘆息であり、また民衆の阿片であるが、今この種の悲惨事、不幸事が、当時勃興した宗教の根拠となつてゐることは疑ひを容れない。親鸞の精神にこの影響があつたと見ることは何人も許すところであらう。

　この種の時代とは戦へないし、戦つても勝てないものだといふ思想が、彼の教義の重大な特徴となつてゐる。彼はその政争の苛烈と民衆の生活苦との根本的救治策として、政治の改革や経済的改造を提案しはしなかつた。彼は宗教家であつたから、その政治的、経済的人間苦の事実はそのまゝにして置き、それを眺める人間の精神を改造しようとした。極楽往生の思想の提唱がこれである。信者はこの教によつて、次の如き慰安を得ることが出来た。

「現在は苦しいけれども之は忍ばなければならない、死ねば直ちに極楽浄土に往生が出来る。一たび阿弥陀仏を信ずれば、その瞬間に極楽往生の予約が確定して、この穢身のまゝで正定聚といふ位にして貰つてゐるので、この境遇は感謝すべきものである。[12]」

四　高津正道の本願寺教団批判について

(一) 本願寺の現実に対する批判

「宗教は反無産階級でしかありえない」との立場に立った高津が展開した反宗教運動は、『搾取に耽る人々』の序文に書くように、「宗教家の生活、宗教々団の搾取戦術、その反動的諸相等を、すべて具体的事実に基いて暴露し、解剖し、且つ批判するものである[13]」とする内容で展開します。

それを可能にしたのは、中外日報社主であった真渓蒼空朗などの協力もあったことは間違いありませんが、なにより自らを「小作的寺院出身の僧侶」と書く住職としての体験でありましょう。高津の反宗教運動は「宗教は阿片」というマルクス＝レーニン主義の教条的・原理的な理論による宗教批判ではなく、教団のスキャンダルを暴くものであったがゆえに多くの人びとに読まれていきました。それは、運動家であるだけでなく、元住職として人びとに何をもって語れば伝えることができるのかを知悉《ちしつ》していたからにほかならないと思います。そのいくつかを紹介します。

(二) 本願寺の実態への批判

一九三一年に『搾取に耽る人々』を著し、宗教教団、とりわけ本願寺教団の腐敗を明らかにしていますが、そのタイトルを記すだけでもその批判の切り口を知ることができます。

『搾取に耽る人々』目次

1. 搾取に耽る人々　2. 彼等の尊長　3. その祖親鸞の出発　4. 親鸞に背く本願寺
5. 歴代法主の醜聞　6. 本願寺の巨富と搾取戦術　7. 日露戦争と光瑞　8. 侵略的
宗教統一運動　9. 六甲の大山荘　10. 相場と牛皮　11. 西本願寺疑獄事件　12. 光瑞

の海外亡命　13．上海の無憂荘　14．大谷光演　15．連続的搾取　16．大なる浪費者　17．宗教家の営利事業　18．宗教家の迷信行為　19．法主神聖論の崩解《ママ》　20．彼等のイデオロギー　21．国家と宗教との新関係　22．帝国主義に奉仕する宗教　23．真宗は最も反動的である　24．既成教団と宗教　25．宗教家の社会事業　26．ロシア革命と宗教　27．反宗教運動の勃興　28．日本の宗教の将来　29．宗教に対する闘争　30．怪教・邪教・妖教

さらに、このなかで「4．親鸞に背く本願寺」の内容を書き出してみます。

①親鸞は面白い遺言をした。「それがし閉眼せば加茂川にいれて魚に興ふべし。」（改邪鈔）—中略—然るに、その子孫は親鸞の造つた自像と称するものに、親鸞の屍體を焼いた灰を塗りつけて御真影と呼び、その偶像を中心として本願寺といふ大なる堂塔伽藍を建立した。

②第二の裏切りは、その子孫の奢侈《ママ》的生活である。

③第三の裏切りは、本願寺の造れる繁雑なる階級組織である。—堂班—

④第四の裏切りは、法主の世襲制度である。

次に「6．本願寺の巨富と搾取戦術」の内容を書き出してみます。

本願寺の巨富と搾取戦術には、次のようなものがあるとして、

①永代経　②御染筆　③記念法会　④建築　本堂再建・修繕等　⑤絵像乃至名号の製造販売　⑥帰敬式　⑦御巡教　⑧団体参詣募集　⑨末寺への直接的課税　⑩堂班　⑪法主又は新法主の結婚と葬儀　⑫コンミツシヨン（還付金）　⑬物品の寄附

をあげています。

次に「23．真宗は最も反動的である」の内容を書き出してみます。

まず、「宗教家の活動は多くはブルジヨア政府が民衆に伝へんとし、行はんとするところを伝え且つ行つてゐるのである。」として、

①戦時、平時ともに軍隊布教　②刑務教誨　③時代適応の布教研究所の創立　④海外伝道　⑤工場布教　⑥納税、節約、服従等の「道徳」の恒常的宣伝　⑦布袍と称する新様式の法衣逸早き採用　⑧女教士制度の創設　⑨宗教家養成機関の逸早き現代化　等々

をあげています。

（三）本願寺の「教え」の内容への批判

一九三一（昭和六）年二月二五日、高津は『読売新聞』に「支配階級と宗教―御文章の反動性」と題して次のような主張を載せていますが、これは彼の展開した反宗教運動の内容と、

教団の何が問題なのかを端的にあらわしています。高津は四回に分けて書いた後、次の文章でしめくくっています(14)。

要するに、御文章は往生思想、婦人蔑視、服従第一主義、貧乏宿命説、自己卑下、というが如き、プロレタリア運動とプロレタリアにとって有害極まる思想を含んでいることは上述の如くである。そして御文章は真宗教義を説いた最も重要な聖書で、何万の僧侶が今日も全国各寺院で信者に向って読み、解説し、真理として宣伝しているものである。

之等の説が阿片であることは余りにも明白であるが、従来吾等が単に阿片とのみ言って排斥したのは誤りで、今日の如く宗教が意識的に反動化しては、無産者運動の側でも大衆に対してそれぞれの宗教の何処が反動であり有害であるかを指摘して宣伝すべきであろう。

人或いは真宗の最近の社会的活動を目して進歩的と言うかも知れない。然し其等の一々は吾等から見る時、殆ど凡てブルジョア擁護作業である。宗教家の行う思想善導は文部、内務両省の仕事の手伝いであり、刑務所教誨は司法省の手伝、工場布教は商工省の手伝、軍隊布教は陸海軍省の手伝、海外伝道は外務、拓務、時に陸軍の手伝、社会事業は内務省の手伝である。真宗は政府の為に斯くの如く活動しているが、之は蓮如の御文章の中心思想の一たる政権宗教結合思想から発展したものであると思う。

つまり高津の反宗教運動は、教学そのものを批判するのではなく、その教学が具体的にどう門徒に説かれているかを具体的にあげて、それがいかに社会矛盾を隠蔽しているのかを批判していくものでありました。『無産階級と宗教』で「此處に阿片がある」という一節をもうけ、それぞれ「或る宗教家はこう説教する」と具体的にあげ批判している箇所を引用してみます（①〜④と記し、タイトルは筆者がつけた）。

①前世の業を説いて、現世の「アキラメ」を説く

人間がこの世に生れて来たのは、殺生、偸盗、邪淫、妄語、飲酒といふ五つの戒を持てる功力に依てゞある。人若し十戒を持てば天上界に生れる。人間の社会には貴族貧富の差別があるが、それは前世の約束に依るのであつて、前世に於て、五戒をよく守つた者は、富貴の家に生れ、五戒の守り方が不完全であつた者は、貧賤の家に生れたのである。であるから、この前世の約束を心得ず、徒らに下の者が上を羡んだり不平を言ふことは愚かな沙汰である。(15)

②来世主義を説いて忍従を説く

人生は長くとも五十年七十年であるが、未来は永劫である。されば現世でどんなに幸福でも、未来で地獄に落ちては大変である。また此世でいかほど貧乏であつても、未来極楽往生の出来ることに決つた者―御信心を得た者は幸福者である、それ人間の浮生なる相をつらつら観ずるに、凡そはかなきものは始中終まぼろしの如くなる一期なり。朝には紅顔あつても、一たび夕に白骨となれば、六親眷属集りて、歎き悲しめども更にその甲斐なし。そこで人間は生命のある間に、信心を得て念仏を申すべきであります。(16)

③社会改造ではなく、精神修養を説く

無産運動家は、経済組織や社会制度の改造を叫ぶ。そして、その改造さへ出来れば、人間の生活は楽になり、人間も善くなると説くが、人間の造つてゐる社会なのだから、人間そのものが善くならない限り、社会が改善される筈はない。かりに社会を理想的に変え得たとしても、人間そのものが変わつてゐなければ、また以前の社会が再現するまでゞある。そこで、現在の急務は、人間の精神を改造すること―精神修養―である。そして、その精神改造は宗教に依らなければならない。(17)

④権威や力に従属し他律で生きることを説く

親鸞聖人は、たとひ法然上人にすかされて念仏して地獄に堕ちやうとも後悔はしないとまでに法然上人を信じられた。その親鸞聖人は自著正信偈の最後を、「唯これらの高僧の説を信ずべし」と結んでゐられる。吾々凡夫は罪業深重、煩悩熾盛で自力で修行は出来ないし、地獄は必定住家なのだから、偏へに阿弥陀如来を信じてお縋り申すより他に道はない。すると阿弥陀如来は慈悲の手を差のべで《ママ》、吾々を救つて、死後極楽に伴れて帰つて下さるのである。[18]

この④については、少し補足が必要であると思われます。高津はこの文章の後に、「他力信仰は結局、人間の奴隷生活の意識的反映であって、上代の奴隷制度、中世の封建制度、近代の資本主義制度の中にあって被支配者であり、無力、無自覚であった者の意識の中に構成された安心法である」[19]と書いています。したがって、この箇所は、「阿弥陀への帰依」の内容が社会体制・教団体制への絶対服従を強いるものであったことを前提に読む必要があるでしょう。

五　その後の高津の宗教改革への思い

たしかに、一九三一年以降の高津は、「宗教は反無産階級でしかありえない」という内容で、

『搾取に耽る人々』や『邪教信論』を著わしていきます。

しかし、高津が常に宗教界の新人に非常に注意をはらい、新宗教にも注意を向け、その具体的活動を注視し続けていました。反宗教運動を掲げながら、無産階級を支援する宗教者の誕生を待ち続けていたことも確かです。そして、その後も高津は妹尾義郎[20]、細川崇円[21]などの、無産階級の運動に連帯し活動する団体や宗教者と連携しながら戦前のファシズムの吹き荒れる時代を人民統一戦線[22]などを組織して活動していきます。

さらにその高津の考えを裏づけるものとして、戦後まもなく数は少ないですが、宗教についての文章を書いています。無産階級と連帯できる宗教教団、宗教者があらわれることを求め続ける気持ちがあったことは間違いないと思います。

高津は一九五〇年一月号の『仏教思潮』に、「社会主義と仏教—二十世紀の四つの大事件」というタイトルで短文を書いています。そのなかで高津は、二〇世紀の四大事件は、「①大戦争の世紀、②原子力利用の発見、③社会主義の流行、④植民地の解放」であるとし、次のように述べます。

わたくしの希望をいえば、これらの提言を認めた上で、大いなる勢力・仏教教団を率いて、この第三の特徴たる大いなる歴史の流れの促進者になっていただきたい一事である。（中略）仏教は社会主義嫌いであることを、わたくしはよく知っている。仏教界において、社会主義者妹尾義郎は歓迎されていない。孤立した異端者である。仏教者の講演を聴き、雑誌・単行本の所論を読むごとに、いかに社会主義にたいする理解が足りないかに驚かされることが多い。見えるものは社会主義にたいする反感であり、恐怖であり、憎悪である。一見して、同調的と受取れる論旨であっても、とんでもない社会主義になっている。（中略）

仏教は社会主義によって失う所は何一つない。日本社会党は仏教を排斥などしない。せめては諸君が、まず本気に社会主義を研究されんことを望みつつ、この稿を終わる次第である。

そしてこれ以降、高津の仏教・宗教に関する文章を見ることはありません。

それは、戦後、国政を活動の中心とした高津にとって、宗教とのかかわりは自らの活動の枠外になったということかと思われます。

それでも、津川が『評伝』に記すように、晩年に荒畑寒村の「たか山の雷鳥あわれ雪ふらば、何をあさりてひなをそだつらむ」の句を、「これが釈尊の心だよ」と語ったエピソードを紹介し、「高津は心の中に仏教への思いを持ち続けていた」と書いていることからも、生涯仏教への思いを持ち続けていたことは間違いないと思われます。

高津にとって宗教、特に浄土真宗とは、寺に生まれ住職となり、一度は教団改革・宗教改革の思いを抱きながら、戦争する国家と一体となっている教団・僧侶の現実に絶望します。しかし、それでも高津はこころの奥底で、「（高津の受け止めた）親鸞を、今、現実に生きる宗教者の誕生」を求め続けていたと考えることができるのではないでしょうか。

註

（1）高津正道『無産階級と宗教―宗教家に送る公開状』大鳳閣書房、一九二九年。
（2）前掲『無産階級と宗教』一七〇頁。
（3）前掲『無産階級と宗教』一五六頁。
（4）大東出版社編刊『社会科学と宗教』一九三〇年、一一頁。
（5）赤松克麿「宗教と社会運動」（前掲『社会科学と宗教』）、一一頁。
（6）高津正道「宗教の阿片性に就いて」（前掲『社会科学と宗教』）、三七頁。
（7）『無産階級と宗教』増補改定版、一九三一年、二一三頁。
（8）前掲『無産階級と宗教』一二頁。
（9）高津正道「親鸞の御同朋主義」（前掲『無産階級と宗教』増補改定版）、二〇〇頁。

(10)前掲『無産階級と宗教』増補改定版、二二六頁。
(11)前掲『無産階級と宗教』増補改定版、二〇八頁。
(12)高津正道『搾取に耽る人々』大鳳閣書房、一九三一年、二八頁〜。
(13)前掲『搾取に耽る人々』序文八頁。
(14)『読売新聞』一九三一年二月二五日、四面。高津正道は同年二月二一日、二三日、二四日、二五日と計四回、「支配階級と宗教―御文章の反動性」というテーマで「一、支配階級擁護」「二、婦人蔑視」「三、宿命説」「四、往生の思想」について、その教義が支配階級への服従第一主義であり無産階級にとっては阿片であり毒酒であるかを書いている。
(15)前掲『無産階級と宗教』九七頁。
(16)前掲『無産階級と宗教』九九頁。
(17)前掲『無産階級と宗教』一〇一頁。
(18)前掲『無産階級と宗教』一〇六頁。
(19)前掲『無産階級と宗教』一〇七頁。
(20)妹尾義郎　一八八〇年、広島県比婆郡東城町に生まれる。高津正道より三歳年長。一九三一年に新興仏教青年同盟を結成。高津らと反ファシズム・反戦の運動を展開、一九三六年に反ファシズム人民戦線を結成し活動、検挙される。妹尾は「大衆搾取の既成教団は否定されても、宗教そのものは、いきなり否定すべきものではなく、（中略）時代にふさわしい宗教を要望すべきである」と考えた（津川勇『高津正道評伝』中外日報社出版局、一九八六年）。

（21）細川崇円　第一章註（6）参照。

（22）人民統一戦線　日中戦争開始後の、共産主義者の組織的な反戦・反ファッショ運動が弾圧で壊滅したのちも、反ファシズム人民戦線運動を推進した日本無産党（委員長・加藤勘十）、日本労働組合全国評議会（全評）などいわゆる合法左翼団体の反ファッショ人民戦線をめざす運動が続けられた。しかし当局は一九三七年一二月一五日と翌年二月一日、全国いっせいに検挙した（『世界大百科事典』第二版、平凡社）。

第五章　国家と本願寺教団

―戦争とのかかわりの面より―

野世英水

反戦運動がないと言うよりも、仏教者は戦争の場合には、出征軍のために軍隊布教使を送って、ひたすらに戦争激励に奔走したのである。そして今日に至ってもそれを悔いないのみか、名誉と心得ている。（高津正道『無産階級と宗教』一九二九年(1)）

はじめに

高津正道（一八九三〜一九七四）は本書第一章にも述べられているように、一八九三年に広島の南光寺に生まれ、一九四五年五二歳のときに日本の敗戦を経験しています。この間、一九二六年八月に治安警察法違反で禁固刑が確定し、同年九月に真宗本願寺派教団（以下、本願寺教団）より僧籍を剥奪されました。高津正道が生まれてから、一九四五年の敗戦を迎えるまでの間に、日本は繰り返し戦争をおこないましたが、おもだったものをあげれば次のようになります。

日清戦争　一八九四年～一八九五年
義和団事件　一九〇〇年～一九〇一年
日露戦争　一九〇四年～一九〇五年
シベリア出兵　一九一八年～一九二二年
「満州事変」　一九三一年(2)
日中全面戦争　一九三七年～一九四五年
アジア・太平洋戦争　一九四一年～一九四五年(3)

このように多くの戦争を日本はおこなっていきましたが、これらに対する本願寺教団の対応は、すべての戦争に対する教団挙げての協力でした。

この章では、国家と本願寺教団との関係を、戦争とのかかわりの面より捉えていくこととします。そのことを通して高津正道より僧籍を剥奪していった本願寺教団が、国家とどのような関係を築いていっていたのかを見ていきたいと思います。

一　日清戦争時

江戸時代の終わり頃、幕末において、本願寺教団は江戸幕府と天皇側との対立のなかで、天皇側につくこと、すなわち勤王の立場を鮮明にしました。そして皇室や勤王側の長州藩などに、さまざまな協力をおこなっていきました。たとえば一八六三（文久三）年に広如宗主（大谷光沢）は金一万両を朝廷に献上し、翌一八六四（元治元）年の禁門の変（蛤《はまぐり》御門《ごもん》の変）では、敗走する長州藩の兵士たちを本願寺にかくまい、変装させて逃すということをおこなっています。幕府側はそのため、見張りとして新選組の屯所を本願寺境内に置くようにもなりました。また一八六七（慶応三）年には京都鴨川の荒神口に、皇室の避難のための御幸橋（別名「勤王橋」(4)）の架橋をおこないましたが、そのために当時のお金で約五万両という巨費が投じられました。

一八六八（慶応四）年の鳥羽伏見の戦いのときには、当時の徳如新門と明如新々門が僧俗数百名をひきいて、京都の皇居（宮廷）の警護に当たりました。この警護は九五日間にわたり、警護のための多額の資金も献上されました。このように本願寺教団は幕末から明治維新期にかけて、天皇や維新政府に対し協力をおこなっていきました。そしてそのような協力は、一八九四年から始まった日清戦争への協力へとつながっていきました。

日清戦争は日本と清との朝鮮の支配をめぐる戦争であり、はじめて国内の総力を挙げておこなわれた対外戦争でした。本願寺教団では日本の清への宣戦布告に先立ち、当時の宗主であった明如（大谷光尊）が「忠君愛国の精神を尽しさふらふ様、門末一同へ懇諭方、予め協議致し可置事」と直達を出し[5]、また派遣される兵士の「過半は我門徒にして、平素愛撫し給ふ信者なり[6]」として、軍隊慰問のためまた清に在留している門徒訪問のため、本願寺僧侶に朝鮮への出張を申し付けています。

このように開戦前より戦時対応の準備を進めていた本願寺教団では、宣戦布告後には執行長の島地黙雷の名で、戦時奉公の事務を統括するための部署である臨時部を設置し、戦争協力を本格化していきました。この臨時部は戦時対応の部署として、その後も戦争ごとに教団内に設置されていくこととなります。また明如や新門であった鏡如（大谷光瑞）は各地別院や軍の駐屯地などに赴き、兵士たちへの慰問や帰敬式などをおこなっていきました。

このようななか、明如は次のような「御直諭《ごちょくゆ》」を発し、僧侶門徒に対して戦時奉公を奨励していきました。

このたび清国に対し宣戦の大詔を下したまひしは実に帝国未曾有の一大事変にして天皇

陛下深く宸襟を悩しめたまふこと恐察し奉るに余りあり（中略）一流に浴する道俗はいよいよ以て真俗の教義にしたがひ此の際一層奉公をいたさゞるべからざる儀に候（中略）今日の如き事変ある時に際しては身命を惜まず報国の誠を尽して皇恩の万一に酬い奉る儀に候かくありてこそ真実真宗の流を汲む門葉と申すべけれ(7)

ここで明如は「真俗の教義にしたがひ此の際一層奉公を」すべきであると、戦時奉公を勧めていることが知られます。ここでの「真俗の教義」とは真俗二諦《しんぞくにたい》のことであり、「真俗」すなわち真諦と俗諦という二つの諦（真理）があるとするものです。この真俗二諦は仏教本来のものとは異なり、浄土真宗の歴史的展開のなかで成立してきたものです。すなわちそこでの真諦とは内面に成立する信心であり、命終えたのちは浄土に往生し成仏するというものです。そして俗諦とは世間における倫理、道徳というような、その時々の世俗的価値のことを言います。そこでは世間にしたがい生活していくことが勧められ、天皇を中心とした近代の日本においては、天皇の忠良なる臣民として生きていくことが勧められました。この「御直諭」では、戦時においては身命を惜しまず国に報い、皇恩に酬《むく》いるべきであるとされています。

本願寺教団ではその後軍隊慰問使を朝鮮に派遣し、慰問させるとともに、物品を朝鮮国

日清戦争時に明如宗主より戦地の兵士に出された教諭書『剣の光』の表紙（加藤斗規氏提供）

王に献納させるなどの活動をしていきました。また国内では政府の軍事公債募集に進んで応募するなど、奉公活動を継続しておこなっていきました。さらに明如宗主は戦地の兵士へ向けての「御直諭」を出しますが、それは『剣の光』と題した教諭書として印刷され、軍隊に数万冊が寄贈されていきました。そのなかでは次のような歌も、明如によって軍人に寄せられました。

後の世はみたのをしへにまかせつゝいのちをやすく君にさゝけよ
のちのよに心とゝめすひとすちにすゝめやすゝめ我国のため(8)

ここでは命終えたのちは、阿弥陀仏の浄土へ生まれることができるのであるから、天皇のため、国のため、命をやすく捧げるべきであるということが謳《うた》われています。これらの歌はその後の戦争でも、戦時奉公を勧めるものとして繰り返し用いられていきました。

また本願寺教団では日清戦争において、従軍布教というものを本格的に開始していきました。従軍布教とは戦時下において僧侶が従軍し、戦地や前線においておこなった軍人への布教等の活動のことです。そしてそのような活動をおこなった僧侶は、従軍布教使または従軍僧と呼ばれていました。

本願寺教団では従軍布教使の派遣を軍部に働きかけ、従軍許可を得ていますが、このことにより従軍布教使は現地軍隊よりの便宜を得て、活動をおこなっていくことができました。日清戦争時には朝鮮や台湾に、一三名の従軍布教使が派遣されています(9)。そしてこの従軍布教活動はその後の戦争でも、教団の戦争協力のひとつの柱として取り組まれていくこととなります。

二　義和団事件時

義和団事件とは、中国の清朝末期に、義和団という結社によって引き起こされた武力闘争のことを言います。義和団は「扶清滅洋《ふしんめつよう》」をスローガンに、清朝とともに欧米列強や日本に宣戦布告をしました。これに対し日本を含む欧米八カ国は軍隊を派遣し、これを鎮圧しましたが、なかでも最大の兵力を投入したのが日本でした。

この義和団事件に際して、本願寺教団では執行長の梅上澤融によって、戦時奉公の部署である臨時出張所が広島に設置され、軍隊などへの布教事務等をおこなっていきました。また梅上澤融は門末一般に、次のような「訓告」を出しています。

我国ハ列国ト共ニ在留民ヲ保護センカ為メ軍隊ヲ派スルノ已ムヲ得サルニ至ル（中略）是時ニ当リ本宗ノ僧俗王法為本ノ教義ヲ奉スル者須ク他ニ率先シテ奉公ノ至誠ヲ抽テ進テハ在外軍隊ノ労ヲ慰シ退テハ在国ノ軍人家族ヲ問ヒ以テ応分ノ義挙ヲ為スヘシ(10)

すなわち日本は在留邦人を保護するため、やむを得ず派兵したのであり、浄土真宗の僧侶、門徒は率先して戦時奉公をおこなうべきである、としていることが知られます。ここで「王法為本ノ教義」とあるのは、本願寺教団において伝統的に語られてきたものであり、王法すなわちその時々の世俗的価値を大切にし、そのことに依りつつ生きよという教えです。そこでは国家が戦争をおこなうならば、そのことを是として協力せよということになります。このような教えは、先に見た真俗二諦へと展開するものでもありました。

また本願寺教団では多くの軍隊布教員を任命し、日本国内での軍隊布教を活発におこなっていくとともに、さらに三名の従軍布教使を任命し、中国の戦地に派遣していきました。(11)その他に義和団事件に際し、本願寺教団では軍隊に対し陣中名号の寄贈や、帰国した傷病兵への慰問、軍隊への本願寺の紋章である下り藤を印刷した紙巻煙草五〇万本の寄贈などをおこなっていきました。(12)

三　日露戦争時

日露戦争は、世界史的に見てもそれまでで最大規模の戦争であり、日本とロシアによる中国東北部や朝鮮の支配をめぐっておこなわれた戦争でした。本願寺教団では日露戦争においても、多岐にわたる戦争協力をおこなっていきました。すなわち教団では開戦前より戦時奉公の事務を統括する部署である臨時部を教団内に設置し、開戦に備えていきました。この臨時部は日清戦争や義和団事件時にも開設されていたものですが、日露戦争時には臨時部のもとに臨時部出張所や臨時部支部が国内外に設けられ、多様な戦争協力がなされていきました。また当時の宗主は鏡如（大谷光瑞）でしたが、鏡如宗主は各師団連隊への軍隊慰問を精力的におこない、そこで講話ならびに帰敬式、名号の授与などをおこなっていきました。

日露戦争では膨大な戦死者が出ましたが、それらに対し本願寺教団ではしばしば追弔法要もおこないました。これらの活動は、当時連枝《れんし》と呼ばれた宗主の兄弟や一族によってもおこなわれました。そのほか本願寺教団では、政府が戦費調達のために発行した国庫債券にも、積極的に応募しました。

一九〇四年二月一〇日の天皇の宣戦の詔勅を受け、同日鏡如は「直諭」を出しましたが、そこでは次のように述べられました。


凡ソ皇国ニ生ヲ受ル者誰カ報国ノ念ナカルヘキ（中略）今回ノ事タル実ニ我帝国未曾有ノ事変ナレハ挙国一致シテ之ニ当ラサルヘカラス況ヤ本宗ノ教義ヲ信スル輩ハ已ニ金剛堅固ノ安心ニ住スル身ニ候ヘハ死ハ鴻毛ヨリモ軽シト覚悟シタトヒ直ニ兵役ニ従ハサル者モ或ハ軍資ノ募ニ応シ或ハ恤兵ノ挙ヲ助ケ忠実勇武ナル国民ノ資性ト王法ヲ本トスル我信徒ノ本分ヲ顕シマスマス皇国ノ光栄ヲ発揚スヘキコト今此時ニアリ此旨ヨクヨク心得ラルヘク候也(13)

すなわちここで鏡如は「凡ソ皇国ニ生ヲ受ル者誰カ報国ノ念ナカルヘキ」と、いわゆる

「軍人勅諭」の一節を用い報国の意思を示し、(14)「今回ノ事タル実ニ我帝国未曾有ノ事変ナレハ挙国一致シテ之ニ当ラサルヘカラス」として、このたびの日露戦争という未曾有の事態に際しては、挙国一致してこれに当たるべきであるとしています。そして浄土真宗の教義を固く信じるもののなか、兵士に対しては「軍人勅諭」にある「死ハ鴻毛ヨリモ軽シト覚悟」せよと述べ、一般人に対しては「或ハ軍資ノ募ニ応シ或ハ恤兵ノ挙ヲ助ケ」と、軍事公債への申し込みや、恤兵《じゅっぺい》すなわち戦地の兵士に物品などを送り慰めるよう勧めていることが知られます。

鏡如はまた開戦の翌日に、「出征軍人の門徒に告ぐ」という「親示」を出していますが、そこでは次のようにも述べられていました。

諸子は今幸ひにして軍籍に在り、一死以て君と国とに報ひ、名を千歳に挙げらるゝの好機に遭へり（中略）一たび出征の途に上るときは、生還を期せずして進まれたし、生きて凱旋の日に接するも、死して屍を野に曝らすも芳誉は末代まで朽ちざるなり(15)

すなわちここでは戦地に向かう門徒の兵士たちに、いまは国に報い、名をあげる好機であり、生きて凱旋しても、死して屍《しかばね》を野にさらしても、その誉《ほま》れは末代まで続くと、戦意の高揚をうながしていることが知られます。この「親示」は『餞出征』という小冊子にされ兵士に配られ、その数は四四万五二三九冊にのぼったとされています。(16)

日露戦争においても従軍布教がおこなわれていきましたが、この時に派遣された従軍布教使は一〇五名にのぼっており、その数は日清戦争などにくらべて大幅に増加しました。本願寺派以外の宗派でも従軍布教はおこなわれましたが、本願寺教団の活動は最も大規模なものでした。それは戦争規模が拡大したことに加え、本願寺教団の戦時奉公体制の拡充や、従軍布教使条例(17)を開戦と同時に発布するなど、従軍布教に寄せる鏡如宗主や教団当局者の期待の強さによるものでした。

日露戦争で派遣された一〇五名の従軍布教使の氏名や所属部隊は、京都連隊区司令部発行の『日露戦役回顧録』(18)に掲載されていますが、それによると従軍布教使は幅広く多くの

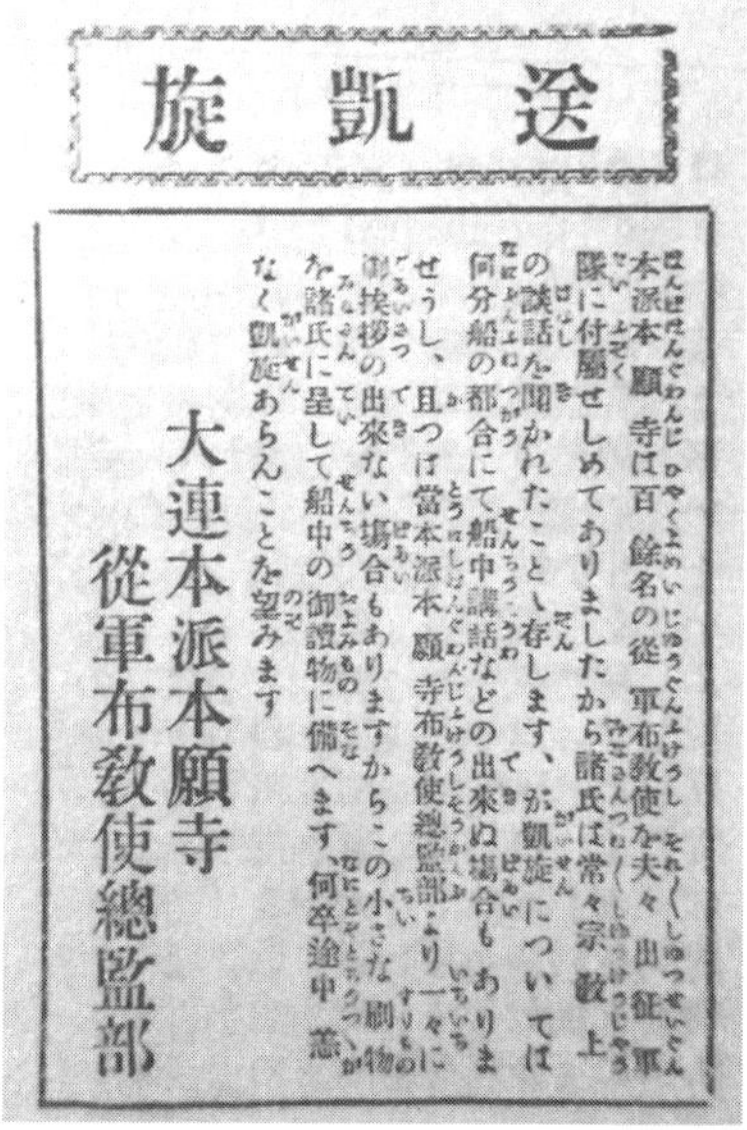
送凱旋

本派本願寺は百餘名の從軍布教使を夫々出征軍隊に付屬せしめてありましたから諸氏は常々宗教上の談話を聞かれたことゝ存します、が凱旋については何分船の都合にて船中講話などの出來ぬ場合もありませうし、且つば當本派本願寺布教使總監部より一々に御挨拶の出來ない場合もありますからこの小さな刷物を諸氏に呈して船中の御讀物に備へます、何卒途中恙なく凱旋あらんことを望みます

大連本派本願寺
從軍布教使總監部

日露戦争時に大連の本願寺派従軍布教使総監部より出された冊子『送凱旋』表紙。戦地より帰国する兵士たちに配られました（加藤斗規氏提供）

部隊に配属されており、後備部隊や傷病兵のいる病院にまでおよんでいたことが知られます。また従軍布教使が書いた日記や報告など[19]によると、従軍布教使は戦地にあっては現地司令官、部隊長の指揮のもと、多様な任務を課せられており、説教法話をはじめ、葬儀や追弔法要、傷病者の慰撫《いぶ》・看護、本山への報告などの活動をおこなっていたことが知られます。

このような戦争協力に対して、日露戦争後の一九〇七年五月に、鏡如は明治天皇より勅語を受けています。その勅語とは、次のようなものでした。

明治三十七八年ノ戦役ニ際シ先志ヲ紹述シテ門末一般ノ奉公ヲ奨励シ又汎ク従軍僧侶ヲ出征部隊ニ派遣シ士気ヲ鼓舞スルニ努メ其労尠カラス朕深ク之ヲ嘉ス[20]

ここでの「明治三十七八年ノ戦役」とは日露戦争のことであり、「先志ヲ紹述シテ」の「先志」とは先々代の宗主広如の勤王の活動や、先代宗主明如の日清戦争、義和団事件における国家への戦時奉公の活動などを指しています。それらを「紹述シテ」すなわち受け継いで、「門末一般ノ奉公ヲ奨励シ」すなわち教団挙げての戦時奉公を進めたと指摘されています。そして「汎ク従軍僧侶ヲ出征部隊ニ派遣シ」とは、鏡如宗主が他の教団に抽《ぬき》んでて多くの従軍布教使を前線部隊に派遣していったことを指しています。これらのことに対して「其労尠カラス」として、天皇が褒めたたえるという内容になっています。

本願寺教団の宗主が戦争協力による嘉賞《かしょう》の勅語を受けるというのは、未曾有のことでした。それは「日本仏教の代表となり、自他各宗派の模範となりしもの[21]」とも評価されました。しかしながらその背後には八万人以上ともされる日露戦争の戦死者のなか[22]、少なくとも四五九三名にもおよぶ本願寺派門徒の戦死者、戦病死者が出ていたことを忘れてはならないでしょう[23]。

四　シベリア出兵時

シベリア出兵とは、一九一七年のロシア革命に干渉して、日本ははじめイギリス、フランス、アメリカ合衆国などの各国がシベリアに出兵し戦われた戦争です。この戦争で派遣された日本軍の兵力は、出兵後わずかな期間で約七万三〇〇〇人にのぼり[24]、また他の国々が撤兵したあとも、日本軍は約四年間にわたりシベリアに駐留し続けました。すなわち出兵した国々のなか、最も大規模でかつ長期にわたり戦争を続けたのが日本でした。そしてそのなかで多くの兵士が戦死、戦病死していきました。

本願寺教団ではこのシベリア出兵に際しても、政府の出兵宣言後まもなくして教団内に臨時部を設置し、戦争協力の活動を始めていきました。このとき発布された「臨時部職制」には「第一条　臨時部ハ国家非常ノ事変ニ際シ本山トシテ当ニ務ムヘキ臨時奉公ノ事務ヲ管掌スル所トス」と、その設置理由が述べられています。またその第六条には「須要ノ地ニ支部ヲ設ケ」るとも規定されましたが、教団では東京、名古屋、広島、福岡の各別院や、ウラジオストックの浦潮斯徳布教所や大連の関東別院内に臨時支部を置き、活動をおこなっていきました。(25)

また本願寺教団ではいわゆる連枝による軍隊慰問をおこなって、数多くの兵士たちに帰敬式をおこない、六字名号（懐中名号）を授与していきました。さらに臨時部や仏教婦人会連合本部によって、数次にわたる多数の慰問袋の軍隊への寄贈もおこなわれました。慰問袋のなかには、手拭い、歯磨き、楊枝《ようじ》、絵はがき、靴下、手袋、ハンカチ、手帳、糸、針などの物品を入れるようにとの指示も出されました。(26)

シベリア出兵時にも従軍布教活動がおこなわれましたが、教団では一九一八年から一九一九年にかけて、一五名の従軍布教使をウラジオストックなどへ派遣していきました。(27)

五　「満州事変」時

「満州事変」（九・一八事件）とは、一九三一年九月一八日の夜に、中国東北部に駐留していた日本の関東軍が、瀋陽の柳条湖《りゅうじょうこ》で南満州鉄道の線路を爆破し、それを「暴戻なる支那軍隊」によるものであるとして、一斉に軍事行動を開始していった事件のことです。関東軍はその後約一万四〇〇〇名の兵力で中国東北部の主要都市を占領し、日本の朝鮮軍約四〇〇〇名の増援も得るなか、一九三二年二月には中国東北部一帯を占領していきました[(28)]。この「満州事変」は同年一月の「第一次上海事変」を引き起こすこととなり、それはまた同年三月の「満州国」という日本の傀儡《かいらい》国家の成立へとつながっていきました。

「満州事変」の勃発に際し、本願寺教団では一九三一年九月一九日、すなわち「事変」勃発の翌日に、「支那」開教総長の津村雅量に対し現地での軍隊や居留民への慰問などの善処方を電命し、また中国東北部に設立されていた本願寺教団の別院、出張所[(29)]に対しても、遺漏なき活動をするよう電命しました。これを受けて現地では緊迫した状況のなか、軍隊慰問や居留民慰問、戦死者の葬式、荼毘《だび》などがおこなわれていきました。また各出張所の青年会、女子青年会では負傷兵の看護の活動をおこない、婦人会では慰問袋を戦地へ直送するなどの活動をおこなっていきました。そしてこのような活動に対し、九月二六日には関東軍司令部より本願寺へ感謝状が贈られました。[30]「満州事変」においても多くの戦死者、戦病死者が出ましたが、本願寺教団では追悼法要を現地各地や国内において繰り返しおこないました。また仏教婦人会連合本部では派遣軍への慰問金の募集を全国規模でおこない、集まった慰問金で必要な物品を買い、現地へと送っていきました。さらに軍人名号（懐中名号）三〇〇〇幅が、京都憲兵隊を通じ津村開教総長に送られ、現地で総長より各将兵へと寄贈されていきました。[31]この軍人名号はのちに一万幅に追加され、贈られています。[32]

このようなか一九二七年一〇月に宗主を継職した勝如（大谷光照）は、一九三一年一一月一日に「親示」を出し、次のように述べました。

方今国事多難ニ際シ門末一同真俗二諦ノ宗風発揚ニ力メ報恩ノ至誠ヲ尽ササルヘカラス（中略）国家ニ忠誠ヲ抽テ上　聖恩ニ報シ広ク世界人類ノ幸福ヲ増進セシム是レ予ノ門末ニ告ケ共ニ之ヲ行ハント欲スル所ナリ[33]

すなわちここでは現在の「満州事変」という国事多難なときに、門末一同は真俗二諦の教えのもと、天皇の恩に報いて、世界人類の幸福を増進させるようにと勧めています。この「親示」の冒頭には「予本日ヲ以テ親ラ伝灯相承ノ任務ヲ行フ」とも述べていますが、「親示」が出された一九三一年一一月一日は、勝如宗主の二〇歳の誕生日に当たり、本願寺では盛大に成年式がおこなわれた日でもありました。

本願寺教団では宗主の継職のとき、伝灯奉告法要という大きな行事がおこなわれますが、成年に達し宗主となった勝如の伝灯奉告法要は、一九三二年四月一日から五日にわたりおこなわれることがすでに決まっていました。一九三一年四月一日には法要を所管する部署として、伝灯奉告法要事務所がすでに開設され[34]、着々と準備が進められていました。しかしながらそのようななか勃発したのが「満州事変」でした。

その武力衝突は拡大の一途をたどり、「第一次上海事変」をも引き起こしていくこととなりました。上海での戦闘では、一九三二年一月三〇日に上海別院に中国軍の砲弾が落とされるということも起きました[35]。このような軍事的緊張のなか、伝灯奉告法要は延期が決定されます。勝如宗主はそのことについて、一九三二年三月一日に次のような「親示」を出しました。

今次法統継承式挙行ニツキ門末一同漏レナク懇念ヲ運ヒ準備ノ進捗ニ滞無キコト予カ深

ク喜フ所ナリ然ルニ支那事変ノ終局尚ホ未タ測ルヘカラス挙国一致　皇事ニ殉スヘキノ際法要ノ修行ハ一般ノ参集モ意ニ任セサルヘク万一ニモ門末奉公ノ一途ニ遺憾アラシメハ宗門伝統ノ精神ニ副フ所以ニ非サルノミナラス予カ身ニ取リテモ慶賀ヲ受クルノ安カラサルモノナリ仍テ相当ノ時期ニ之ヲ延修スルヲ得ハ予カ本懐トスル所ナリ(36)

すなわち伝灯奉告法要の準備は滞りなく進んでいるが、「満州事変」の終わりはまだ見えていない。いまは挙国一致し「皇事ニ殉スヘキ」ときなのであり、もし法要をおこなうことによって、万が一にも戦時奉公が十分できないようなことがあれば、宗門伝統の精神に副うことにならないので、この際延期をしたい、という内容になっています。

この宗主の「親示」を受けて、教団では法要を延期し、同年一一月一日から五日におこなうことを決定しました(37)。この延期決定は、準備万端に整えてきた教団にとっては、苦渋の決断でした(38)。また延期決定にいたるまでには、前宗主の大谷光瑞が東上し政治筋と相談しており、その後、前宗主や勝如宗主、宗主の父である大谷光明との話し合いが持たれたことも伝えられています(39)。伝灯奉告法要は教団にとっての一大慶事であり、そのことの延期は、教団にとっては大きな落胆でもありました。しかしながらこの決定はまた、本願寺教団にとってなによりも大切なことは、国家がおこなう戦争に協力していくことであり、そのことを第一に考える教団であることの内外への表明ともなりました[40]。「満州事変」時においても、従軍布教が引き続きおこなわれていきました。当初はおもに瀋陽方面での従軍布教活動がおこなわれ、「第一次上海事変」時にはおもに上海での活動がなされていきました。それら従軍布教使の人数は、瀋陽方面、上海方面両方で、計一八名であったと思われます[41]。このうち上海方面での活動について、上海別院輪番の小笠原彰真は次のように報告しています。

皇軍の慰問本部を別院に置き各部の統制をはかり、毎日従軍布教使は各部隊へ慰問品を携へて訪問し傷病兵の慰問にも代る代る出張する（中略）尚江湾鎮、廟行鎮に於ける戦は実に猛烈を極めたれば各従軍布教使は塹壕を繞ぐり土壌をよぢ登つて戦死者の読経遺骨を拾集して別院に運ぶ等壮絶を極む。今は殆んど送骨を別院に奉安し師団各旅団の供華に護られ香煙縷々として絶ゆることなく其他各司令部の慰問も怠りなく継続せり[42]。

ここでは従軍布教使の苦労が述べられていますが、このような従軍布教活動は日清戦争時より繰り返しおこなわれてきたものであり、「満州事変」時や「第一次上海事変」時においても、戦争協力のおもたる活動として取り組まれていったものでした。

六　日中全面戦争時、アジア・太平洋戦争時

一九三七年七月七日夜、北京郊外盧溝橋《ろこうきょう》で日本軍が軍事行動を起こし、日本と中国は戦争状態となっていきます。この軍事衝突は盧溝橋事件と呼ばれるものですが、その後同年八月一三日には上海でも日中両軍は事実上戦争状態となり、いわゆる「第二次上海事変」が開始されます。ここより「満州事変」より始まる日中戦争は新たな段階に入り、日中全面戦争となっていきました。この日中全面戦争は次第に泥沼化していき、その局面打開のために日本は東南アジアや太平洋地域への南進政策をとることとなります。

しかしながらそれら地域はすでに欧米列強が支配しており、一九四一年一二月八日の真珠湾攻撃を経て、日本は中国を含む欧米列強の連合国と戦争を始めます。アジア・太平洋戦争と呼ばれるものです。そしてやがて日本は、一九四五年八月一五日の敗戦を迎えることになります。

このようななか本願寺教団では、戦争の拡大に即しつつ、その戦時奉公体制を強化させていきました。盧溝橋事件後の一九三七年七月一五日には、執行長千葉康之が教団内僧侶に向けて次のような訓告を出しています。

今次北支事変ノ勃発ハ事件不拡大ノ方針ヲ以テ帝国政府最善ノ努力ニ拘ラス頻々タル支那側ノ不信行為ニヨリ今ヤ其波及スル所予期スヘカラサル形勢ニ立チ到リタルハ真ニ以テ遺憾千万ノ次第ニ有之此際挙国一致報国ノ忠誠ヲ抽テ国難打開ノ一途ニ殉スヘキハ我国民ノ本分ニ外ナラサルコト言ヲ俟タス王法為本ノ宗則ヲ奉スル一宗ノ僧侶須ラク門徒教化ノ重責ヲ空シクスルコトナク億兆一心粉骨砕身以テ無極ノ　皇恩ニ奉答致スヘク此際挺身教導ノ任ヲ尽サルヘシ(43)

ここでは「北支事変」すなわち盧溝橋事件を「支那側ノ不信行為」によるものであるとし、このときに当たり「王法為本ノ宗則ヲ奉スル一宗ノ僧侶」は「億兆一心粉骨砕身」して「皇恩ニ奉答致スヘ」しとしていることが知られます。また同年九月九日には近衛内閣によって国民精神総動員運動実施の内閣告諭が出され、翌一〇日にはその運動要綱が発表されます。本願寺教団ではこれを受けて「本派本願寺国民精神総動員運動提要」を作成し、政府の運動と呼応しつつ全教団挙げての報国運動を展開するよう教団門末に求めていきました。(44)

さらに本願寺教団では同年七月二三日に「事変ニ対スル奉公ノ事務ヲ管掌スル所(45)」として、戦時奉公事務を一括しておこなうための臨時事務所を設置しました。(46)この臨時事務所は日清戦争や義和団事件、日露戦争、シベリア出兵時に設置された臨時部、臨時出張所の職務を基本的に継承するものでした。そこでは三部九課が設けられ、その第二部には慰問課として第一課から第三課が置かれました。そのうち慰問第一課では、事務内容が次のように規定されていました。

一、現地軍隊ノ布教慰問
二、現地居留民避難民ヘノ慰問救護
三、戦病死者ノ現地ニ於ケル追弔法要
四、傷病兵ノ現地ヘノ慰問
五、特派慰問布教
六、内地ニ於ケル援護布教
七、其他現地ニ於ケル慰問布教ニ関スル計画実行一切㊼

すなわちこの慰問第一課の職務は、現地軍兵士および居留民への布教や慰問をはじめとして、戦地における戦時奉公事務一切をおこなうことを、その内容としていたことが知られます。そしてそのなかでおこなわれていったのが、戦地における従軍布教活動でした。

『教海一瀾』第840号（1937年1月5日）の折り込みポスター。「正法顕揚 樹てよ信念 報ひよ皇恩」と書かれている（筆者所蔵）

このことに関しては、のちにまたすこしふれたいと思います。

　本願寺教団ではその後も戦争の拡大や深刻化にともない、戦争協力をなお一層進めていきました。教団では報国の信仰運動をより強固にするため、次々と運動の理念の表明や教団組織の編成替えをおこなっていきましたが、そこでは信仰運動の名称もほぼ年度ごとに新しくされ、実施されていきました。また一九四三年一〇月からは、真宗大谷派教団（東本願寺）とともに、必勝生活運動（同年一一月からは名称を変え、戦時宗教教化運動）もおこなっていきました。[48]

　このようななか本願寺教団では、一九三九年九月一六日に「聖徳太子奉安様式」を定める達示[49]を出しています。そこでは本願寺の別院や各寺院の内陣に安置されている「聖徳太子御影」を、内陣左余間（向かって右余間）に奉安するようにとされました。そして「七高僧御影」は、右余間（向かって左余間）に安置するようにとされました。これは皇室に連なる聖徳太子の御影を、内陣のなかで「上座」とも見なされる向かって右余間に安置することにより、教団の皇室への尊敬の念を表したと見ることができます。

またこの「聖徳太子御影」の安置の仕方は、内陣向かって右側へと「安置」するのではなく、向かって右余間を「太子殿」として別立し、「聖徳太子御影」を「奉安」するという意味も持っていました。それは天皇中心の国体への忠誠心を、自ら進んで示そうとした教団の姿のあらわれでもありました(50)。

さらに本願寺教団では一九四〇年に「聖教の拝読ならびに引用の心得」（以下、「心得」）を作成し、教団内に配布しました。その「心得」は一三項目からなるもので、そこでは宗祖親鸞の著作や第三代宗主覚如の著作などのなかより、天皇や日本の国体に抵触すると思われる多くの文言の不拝読または読み替えが指示されました。たとえば宗祖親鸞が用いた「勅命」や「教勅」という用語が、天皇が用いる語と重なるため読み替えをするようにと指示され、また親鸞の『教行信証』や覚如の『御伝鈔』にある「主上臣下法に背き義に違し……」などの文言を拝読しないようにとされました。このような指示は教団にとって最も大切にすべき宗祖の教えを歪《ゆが》めることであり、さらには教団の国家への明らかな従属を表明するものでもありました(51)。

本願寺教団では教えの面でも、戦争協力体制を整えていきました。そこでは親鸞の教え、浄土真宗の教えは、戦争を肯定するものであり、戦争を支持し戦争に協力するものであるとされました。このような教えは戦時教学、決戦教学とも呼ばれ、教団や関係大学の教学者によって盛んに説かれていきました。

一九四四年四月にはさらなる戦時教学の構築をめざし、「戦時教学指導本部」が教団内に設置されました。その本部長には執行長が就き、多くの教学者が審議員や研究員として参加していきました。「戦時教学指導本部」では、新道義の建設、皇道と真宗、死生観などの審議をおこない、その結果が『決戦道義─理論篇、実践篇』『皇国宗教としての浄土真宗』『死生観』と題され、発刊されていきました。そのなか『皇国宗教としての浄土真宗』では「真宗は弥陀を信ずる信力を挙げて　天皇に忠誠を捧げ奉るのであるが、その信仰は純粋なる日本仏教としての性格をもつとともに宗教味豊かなる思想体系を具有する。真宗信徒はかかる特質をもつ信仰をもって　天皇に順ろひ奉るが故に、ここに真実の意味に於ける皇運扶翼の臣道を履践することが出来るわけである」[52]と結論づけられていました。

当時の宗主は勝如（大谷光照）でしたが、勝如宗主は率先して教団の戦争協力を指導し、自らも軍隊に入隊し従軍しました。また国内国外において軍隊への慰問活動をおこなっていきましたが、中国においても各地に展開する軍隊に対する慰問をおこなっていきました。

そのなか一九三七年一二月には、日本軍が当時の中国の首都であった南京を占領した直後に南京市内に入り、多くの部隊への慰問活動をおこなっていきました。勝如宗主は数多くの消息などを出して、僧侶門徒の戦争協力を指導していきましたが、一九三八年九月二八日には「忠死軍人ニ関スル御消息」というものを出しています。この消息は「殉国章」とも呼ばれていますが、そこでは次のように述べられています。

凡ソ皇国ニ生ヲ受ケシモノ誰カ　天恩ニ浴セサラン（中略）殊ニ国家ノ事変ニ際シ進ンテ身命ヲ鋒鏑ニオトシ一死君国ニ殉センハ誠ニ義勇ノ極ミト謂ツヘシ一家同族ノ人々ニハサコソ哀悼ノ悲ミ深カルヘシト覚ユレトモ畏クモ上聞ニ達シ代々ニ伝ハル忠節ノ誉レヲ喜ヒイヤマシニ報国ノ務ニイソシミ其ノ遺志ヲ完ウセラルヘク候(53)

すなわち日本に生まれた者は、すべて天皇の恩をこうむっているのであり、国家が戦争をおこなう際には、進んで命を敵の前に落とし、国家に殉ずべきである。そしてそれは義勇の極みなのである。家族や親戚の者はさぞかし悲しみが深いことであろうが、その死は天皇の耳に入り、代々に伝わる忠節の名誉となるのであるから、そのことを喜びなお一層報国の務めに励むべきである、としています。このような戦争協力を勧める消息は、一九四五年八月の敗戦時まで引き続き出されていきました。

日中全面戦争時、アジア・太平洋戦争時においても、従軍布教活動がおこなわれていきましたが、それは先に見たように臨時事務所の慰問第一課の職務として進められていきました。その従軍布教の活動内容を、従軍布教使たちの従軍報告や現地その他でおこなわれた従軍布教使の座談会の記録などによって見ていくと、次のようなものがあげられます。

（一）戦死者、戦病死者の葬送（読経および火葬、埋葬）、遺骨の送還
（二）兵士への法話、布教
（三）戦傷病者への慰問
（四）戦闘への参加
（五）懐中名号（陣中名号）、数珠、聖典等の配布
（六）慰問品、物資の供給
（七）中国民衆への宣撫
（八）本山への活動状況および戦況の報告
（九）出張所、布教所等の開設準備
（十）通訳、その他

ここでは紙幅の関係上、これら従軍布教使の活動内容の具体的な例をあげることはできませんが、その活動内容は日清戦争以降の活動内容を引き継ぐものであり、それをさらに大規模に展開させるものでした。(54)

おわりに

これまで国家と本願寺教団との関係を、戦争とのかかわりの面より見てきました。そこでは国家の政策に従い、国家がおこなう戦争に協力し続けた教団の姿が知られました。仏教ではその初期より、慈悲の心を尊び、争いや殺生をしてはならないと説きます。すなわち次のように、説いています。

あたかも、母が己が独り子を命を賭けても護るように、そのように一切の生きとし生けるものどもに対しても、無量の慈しみのこころを起こすべし（『スッタニパータ』(55)）

自分の友にも敵にも、平等に慈しみの修習をなすべきである。慈しみの心をもって、全世界を充満すべきである。これが、諸仏の教えである（『ミリンダ王の問い』[56]）

すべての者は暴力におびえ、すべての者は死をおそれる。己が身にひきくらべて、殺してはならぬ。殺さしめてはならぬ（『ダンマパダ』[57]）

また教団の規則すなわち律では、人の命を奪う者は教団追放となるとされています。さらに出家者は、軍隊になるべく近づかないようにとも説かれます。このことは大乗仏教においても同様でした。大乗仏教の律では、次のようにも説かれます。

利養・悪心のための故に、国の使命を通じ、軍陣に合会し、師を興して相伐ち、無量の衆生を殺さしむることを得ざれ。しかも菩薩は、軍中に入りて往来することを得ず（中略）もしことさらに作らば、軽垢罪を犯す（『梵網経』[58]）

ここでは仏道を歩む者は、軍中に入ることすらすべきではないとされています。そして浄土真宗の宗祖親鸞は、次のように教えています。

わが身の往生一定とおぼしめさんひとは、仏の御恩をおぼしめさんに、御報恩のために、御念仏こころにいれて申して、世のなか安穏なれ、仏法ひろまれとおぼしめすべしとぞ、おぼえ候ふ（『親鸞聖人御消息』）[59]

すなわち安穏なる世の中を願うように、仏法がひろまるようにと、説かれていることが知られます。

これまで見てきたように、さまざまな戦争協力を続けてきた本願寺教団とその指導者たちは、これらの教え、すなわち仏法に背いてきたとも言えるでしょう。そして第二章でも述べられているように、高津正道は国法に背いたとして、このような教団から僧籍を剝奪されました。仏法に背いていった教団と、国法に背いたとして僧籍を剝奪された高津正道。仏教者、真宗門徒の立場より考えるとき、どちらの姿勢が問われるべきなのでしょうか。このことは現在の、そしてこれからの本願寺教団のあり方にかかわる緊要な課題であると思われます。

註

（1）高津正道『無産階級と宗教―宗教家に送る公開状』大鳳閣書房、一九二九年、五八～五九頁。

（2）「満州事変」は中国東北部における日本軍の大規模な軍事行動で、戦争と呼べるものでしたが、宣戦布告をおこなわない等の理由により、当時は「事変」とされました。本来戦争であったものを、日本政府が「事変」と恣意的に呼び変えたと言えます。よってここでは「　」をつけて用いることとします。ちなみに中国では「九・一八事件」と呼んでいます。

（3）一般的には「太平洋戦争」と呼ばれていますが、この時期の戦場は太平洋地域だけではなく広くアジア地域に及んでいたため、ここでは「アジア・太平洋戦争」という呼称を用います（木坂順一郎「アジア・太平洋戦争の呼称と性格」『龍谷法学』第二五巻第四号、一九九三年三月）。なおアジア・太平洋戦争は一九三七年よりの日中全面戦争の延長線上に始められており、日中全面戦争ならびにアジア・太平洋戦争の終結は、ともに日本が敗戦を迎える一九四五年となります。

（4）赤松俊秀、笠原一男編『真宗史概説』平楽寺書店、一九六三年、三四八頁。

（5）本願寺室内部編刊『明如上人日記抄 後編』一九二七年、五二三頁。

（6）佐々木恵璋編『日清交戦法の光』興教書院、一八九四年、三三頁。

（7）前掲『日清交戦法の光』巻頭五～六頁。

（8）明如上人伝記編纂所編『明如上人伝』明如上人二十五回忌臨時法要事務所、一九二七年、八七三頁。

（9）前掲『明如上人伝』八八八～八八九頁。

(10)『本山録事』一九〇〇年八月一一日。
(11)『教海一瀾』第七四号～第一〇九号、一九〇〇年八月一一日～一九〇一年九月二五日。『教海一瀾』とは、教海雑誌社が一八九七年より発行していた宗教雑誌です。内容はほぼすべて本願寺教団の情報を伝えるものであり、実質的に本願寺教団の機関紙でした。一九三九年からは本願寺新報社発行の『本願寺新報』となり、現在まで発行されています。
(12)『教海一瀾』第七六号、一九〇〇年九月一一日。なお寄贈された紙巻煙草は寄贈用に特製されたものであり、「報国」と名づけられ、「本派本願寺寄贈品」と特記された包み紙で調整されたものでした（『教海一瀾』同号）。
(13)『中外日報』第一二九九号、一九〇四年二月一三日。真谷旭川『日露戦争と仏教』興教書院、一九〇四年、ア一～ア三頁。
(14)「軍人勅諭」には「凡生を我国に稟くるもの誰かは国に報ゆるの心なかるへき」とあります（村上重良編『近代詔勅集─正文訓読』新人物往来社、一九八三年、一一四頁）。
(15)『教海一瀾』第一九六号、一九〇四年二月二五日。
(16)『教海一瀾』第三六三号、一九〇七年五月一八日。
(17)「従軍布教使条例」
第一条　日露交戦に際し戦地に於て布教事務を執らしむる為め従軍布教使を置く

第二条　（略）
第三条　従軍布教使戦地に在ては所属司令官又は関係部隊長に稟議し其指揮に依て執務すべきものとす
第四条　従軍布教使布教事務は左の如し
一、軍人軍属に対する説教法話
二、死亡者に対する葬儀及び追弔法要
三、傷病者の慰撫
四、前各所の外本山より特に命じたる事項又は所属司令官及び関　係部隊長より依嘱を受けたる事項
第五条　（略）
第六条　法話説教は我宗義に基き精神の安慰義勇の鼓舞に務むべし
葬儀及び追弔法要は追慕の誠を表し静粛謹厳を旨として行ふべし
傷病者の慰撫は懇切に之を為し時として看護の務に従ふ
第七条　従軍布教使中に監督を置く
第八条　監督は従軍布教使を指揮監督す（中略）
第九条　（略）

第十条　従軍布教使は日記を製し其任命の日より帰任復命の日迄毎週之を本山に報告すべし、但、重要の事項に就ては其事項を抜き別に報告するを要す

（本願寺史料研究所編纂『本願寺史』第三巻、浄土真宗本願寺派、一九六九年、四八三～四八五頁）

(18) 京都連隊区司令部『日露戦役回顧録』一九三〇年、二二六～二二〇頁。

(19)『教海一瀾』や宗教新聞の『中外日報』などに、掲載されています。

(20)『教海一瀾』第三六三号、一九〇七年五月一八日。

(21)『中外日報』第二一七〇号、一九〇七年五月一五日。

(22) 大江志乃夫『日露戦争と日本軍隊』立風書房、一九八七年、一四九頁。

(23)『教海一瀾』第三三一号、一九〇六年一〇月六日。この本願寺派門徒の戦死者、戦病死者数は、所属する各寺院が教団に戦死、戦病死の届け出をし、教団より院号法名の授与または弔慰状等が贈られた者のみの数字です。よって実数はもっと多いと思われます。『教海一瀾』では第二〇九号、一九〇四年六月四日から第三三一号、一九〇六年一〇月六日まで、一〇一回にわたって、これら戦病死者すべての氏名を掲載しています。

(24) 原暉之「ロシア革命とシベリア出兵」（和田春樹・後藤乾一・木畑洋一・山室信一・趙景達・中野聡・川島真編『岩波講座 東アジア近現代通史』第四巻、岩波書店、二〇一一年、五四頁）。

(25)『教海一瀾』第六二八号、一九一八年八月三一日。

(26) 前掲『教海一瀾』第六二八号。
(27)『教海一瀾』第六二八号〜第六四一号、一九一八年八月二一日〜一九一九年九月三〇日。
(28) 山室信一『キメラ―満洲国の肖像（増補版）』中央公論新社、二〇〇四年、六三頁。
(29) 本願寺教団がアジア各地に設立した別院、出張所等については、浄土真宗本願寺派国際部、浄土真宗本願寺派アジア開教史編纂委員会編『浄土真宗本願寺派アジア開教史』本願寺出版社、二〇〇八年を参照してください。
(30)『教海一瀾』第七七八号、一九三一年一〇月一日。
(31)『教海一瀾』第七八〇号、一九三一年一二月一日。
(32)『教海一瀾』第七八三号、一九三二年三月七日。
(33) 前掲『教海一瀾』第七八〇号。
(34)『教海一瀾』第七七二号、一九三一年四月二〇日。
(35) このことについては、加藤愛「大谷光瑞と上海事変」（柴田幹夫編『大谷光瑞―「国家の前途」を考える』勉誠出版、二〇一二年）に砲弾を受けた上海別院の写真とともに詳述されています。
(36) 前掲『教海一瀾』第七八三号。
(37) 前掲『教海一瀾』第七八三号、「達示　甲達第六号」。
(38) 当時の執行長の大谷尊由は延期決定について「折角ノ期待ヲ緩フスルニ似タリト雖モ宜シク猊

下ノ思召ヲ奉体」するようにと、門末一般に訓告をしています（前掲『教海一瀾』第七八三号）。

(39)『中外日報』第九七五六号、一九三二年三月一日。

(40)この伝灯奉告法要は再度延期され、一九三三年四月一一日から一五日におこなわれることが決定されています（『教海一瀾』第七八八号、一九三二年八月一〇日）。

(41)『教海一瀾』第七八一号〜第七八五号、一九三二年一月一日〜一九三二年五月一〇日。

(42)前掲『教海一瀾』第七八三号。

(43)『教海一瀾』第八四六号、一九三七年八月一〇日。

(44)『教海一瀾』第八四八号、一九三七年一〇月一五日。

(45)「臨時事務所職制」（前掲『教海一瀾』第八四六号）。

(46)この臨時事務所は一九三九年四月より「時局奉公事務所」と名称を変更し、活動を継続しています（『時局旬報』第四六号、一九三九年四月一五日）。

(47)前掲『教海一瀾』第八四六号。

(48)これらの運動については、赤松徹真「戦時下の西本願寺教団」（「戦時教学」研究会編『戦時教学と真宗』第一巻、永田文昌堂、一九八八年）に詳述されています。

(49)達示は次のようなものでした。

「甲達第二十二号

今般聖徳太子奉安様式ヲ別記ノ通相定ム
昭和十四年九月十六日　執行長　本多　恵隆
（別記）
一、太子御影ヲ本堂内ニ安置スル場合ハ向ツテ右余間ニ奉安スヘシ
追而七高僧御影ハ向ツテ左余間ニ安置ス
由緒宗主御影等安置ノ場合ハ其左側トス　」
（『本山録事』一九三九年九月三〇日）

(50) このことについては、龍溪章雄「天皇制ファシズム期の真宗の一断面―西本願寺教団における『聖徳太子奉安様式』の制定」（『龍谷大学論集』第四三三号、一九八九年一月）に詳述されています。

(51) このことについては信楽峻麿「真宗における聖典削除問題」（中濃教篤編『講座 戦時下の仏教』国書刊行会、一九七七年）および近藤俊太郎「戦時下本願寺の聖典削除と皇国宗教化」（斎藤信行・北畠浄光編『歴史のなかの仏教』永田文昌堂、二〇二一年、のち近藤俊太郎『親鸞とマルクス主義―闘争・イデオロギー・普遍性』法藏館、二〇二一年に再録）に詳述されています。

(52)『皇国宗教としての浄土真宗』一九四四年、三五～三六頁。

(53)『真宗聖教全書五　拾遺部下』大八木興文堂、一九八二年、七九三頁。

(54) このことについては、野世英水「日中戦争時における真宗本願寺派の従軍布教活動」(野世英水・加藤斗規編『近代東アジアと日本文化』銀河書籍、二〇二一年)を参照してください。
(55) 中村元訳『ブッダのことば―スッタニパータ』岩波書店、一九八九年、三八頁。
(56) 中村元・早島鏡正訳『ミリンダ王の問い三』平凡社、一九九四年、二六四頁。
(57) 中村元訳『ブッダの真理のことば 感興のことば』岩波書店、一九八九年、二八頁。
(58) 石田瑞麿『梵網経』大蔵出版、二〇〇二年、一六〇～一六一頁。『梵網経』は中国撰述の経典とされていますが、大乗仏教の戒律の書として広く受け入れられてきており、日本においても天台宗をはじめ広く受容されている経典ですので、ここでも用いることとします。
(59) 浄土真宗本願寺派総合研究所編『浄土真宗聖典―註釈版第二版』本願寺出版社、二〇〇四年、七八四頁。

参考文献

佐々木恵璋編『日清交戦　法の光』(興教書院、一八九四年)
『明如上人日記抄後編』(本願寺室内部、一九二七年)
『日露戦役回顧録』(京都連隊区司令部、一九三〇年)
柴田幹夫編『大谷光瑞とアジア―知られざるアジア主義者の軌跡』(勉誠出版、二〇一〇年)

福嶋寛隆監修・「戦時教学」研究会編『戦時教学と真宗　第一巻』（永田文昌堂、一九八八年）
龍谷大学靖国問題学習会編『真宗と靖国』（群萌社、一九九一年）
佛教史学会編『仏教史研究ハンドブック』（法藏館、二〇一七年）
中西直樹・野世英水・大澤広嗣監修『仏教植民地布教史資料集成〈満州・諸地域編〉』（三人社
二〇一七年）
近代日中関係史年表編集委員会編『近代日中関係史年表　一七九九-一九四九』（岩波書店、
二〇〇六年）

第六章　私の知る高津正道

親鸞精神に生きた高津正道

河野 官

(一) 障子の穴からの出会い

「高津正道です。……」とメガホン片手に演説しながら前の道路を通る高津正道の応援隊があった。母は障子の破れ穴から覗《のぞ》いて見る。何も知らぬ自分も真似て覗く。こんな異様な光景が示すように高津評は悪かった。特に隣近所の眼は厳しかった。羽倉というところは人の話題には事欠かない。

高津は地元の羽倉の強い要望を振り切って、夜逃げをした男、天皇をボロクソに言うて反戦を主導する危険人物、何度も刑務所入りした男と意識化されている。

そんな高津を物めずらしそうに変な格好までして覗き見する母には、懐かしさが隠されていたのだった。私の父も幼少時代の腕白で、土取（元豊田郡高坂村、現三原市久井町）の実家から善正寺（高坂村山中野）へ預けられた。寺が南光寺と近かったこともあり、信頼し合った交流が深まる。父も静心と改名された。静かどころか「ケンカ坊主」でついには寺を追い出され、最後は警察官となる。結婚するときは高津も来てくれたと聞いた。高津に今の暮らしを見せたくないことと、地域の状況が「覗き見」という状況をもたらせたと思っている。私はやがて就職し、選挙時は彼の後をついて歩き声も出した。

（二）東京に高津正道を訪ねる

学校の夏休みが四〇日もあったので、私は同僚の平野さんと上京して研修をしていた。ある休みを利用して、国会議事堂見学に行くことにした。夏だから私は半ズボン姿のまま上京していた。受付に行くと、紹介状がないと入れないという。ましてや私の半ズボンでは入場できない。親切な並んでいた方が、選挙区の先生に電話してみたらと教えてくれる。

結局は、高津正道議員控室に行き、秘書の案内付きで議場に入れた。私は秘書の方の長ズボンを借りた。高津正道の木札は最後尾の席にあった。

（三）羽倉史蹟文化記念館に位置づく

羽倉保育所が統合され移転することになり、跡地利用が話題になった。羽倉の歴史が物語っているのは、統廃合のたびに羽倉から公共物と商店が姿を消していくということだった。私たちは「保育所」が最後の砦だと考えていた。

ところが、子ども数が減少し町内一カ所を「認定こども園」とすることに決まり、移転することとなった。跡地利用も紆余曲折《うよきょくせつ》あったけれど現状が示す如《ごと》く、二階部分に高津正道記念室を設けたのである。ここで特記しておきたいことは、高津正道記念室に難癖をつける者がいた。彼らの根拠は「政治的中立性」であった。高津が社会党だったからであり、これが逆に自民党だったらスムーズにいき、共産党だったら始めから除外されたに違いない。「政治的中立性」は行政機関が住民のために施策を施すとき、自らを戒める場合に使うべき用語でここに当てはまらない。激論の末、実現して今日にいたっている。

多くの方々のお力添えをいただいてこそ、幼児用の建物が大人用の施設に変身したのである。

（四）逆境の哲人・高津正道

高津の生涯を見ると、これほど大きな波のなかをくぐり抜けるパワーを持つ者は見当たらない。早くに両親と死別し、檀家の家を廻わされたりした。喧嘩一筋に生きてきた男が、まともに経本にふれ、筆文字を書き、座って学ぶ時間を持つようになったのは、彼が一二歳から一八歳までの六年間、世羅町寺町の光宣寮に学んでからである。浄土真宗勧学・是山恵覚和上のもとで、みっちりと佛典を学び、師とともに写経に励んだからである。

羽倉史蹟文化記念館に寄贈されたうちの一つに、高津正道が使っていた小学校の教科書や、光宣寮で学んだ経本がある。戦中の官憲の厳しい捜査が続いたとき、南光寺総代が分散して預かるという方法をとった。そのなかの一人は、教科書や経本を自分の家から遠く離れた田のほとりに建つ農事用の小屋のワラのなかに隠しておいたと言う。高津の聖教には、赤ペンの線や説明など記入がいっぱいあった。真行寺で見せてもらった恵覚和上の経本も、高津が学んだ経本も同じように赤ペン入りだった。師弟ともに書写しながら学んでいる姿が見えるではないか。この六年間こそ寺町周辺でも不評だった高津が「親鸞精神」に目覚めた歳月であった。

彼は「社会の改革」を求めて衆議院議員となり、副議長まで務めた。五回当選、五回落選も彼らしい。

高津の生涯を貫いたものは何だったのだろうか。自宅のガラス戸越しに南光寺を眺めながら思う日々である。「にんげんの尊厳・親鸞精神に生きる」、この一点を貫いた高津正道は、まさに逆境の哲人であったのだ。

聞き取り　高津正道さんの思い出

小森龍邦

聞き手・文責＝小武正教

二〇一八年四月五日　場所・小森龍邦事務所

――高津正道さんとは親子ぐらい年齢がちがいますか。

小森　四〇ぐらいちがうんじゃーないかな。

――高津さんとの出会いはいつごろですか。

小森　わしが高校生の時の弁論大会に出たことが、地元の新聞に載るでしょう。それを高津さんが見て、「小生もこの年になっても弁論を磨くことを心がけている」と高津さんから手紙をもらった、それがきっかけよね。

高津さんは高校生のおりから気にかけてくりょーたんじゃと思うなー。手紙がしょっちゆうーきょうったけー。

――高津さんから仏教の話を聞かれたことはないですか。

高津さん自身は「宗教は阿片だ」と言うだけとは違って、「本来の宗教のあり方に立ち戻るべき」であり、「宗教理解、社会主義、非戦論」ということの三つをそなえた宗教家がいるときに、私はその宗教を信じると、著書『無産階級と宗教』（大鳳閣書房、一九二九年）に書いておられます。ただ、「社会改革としての宗教」をいつ断念されたのかというのはわかりません。『高津正道評伝』を書いた津田勇さんは、高津さんには最後まで仏教への思いがあったんだというふうに『評伝』に書いておられますが。

小森　わたしは高津さんから仏教の話、宗教の話は聞いたことはないなー。高津さんに直接聞いたことはないけど、あの人の人間像をみょーたらねー、そうじゃーないか（最後まで仏教への思いがあった）と思うよ。

広島学寮（在京県人大学生のために私邸に設けた）をつくる時にね、府中市に来て市役所になんぼーか応援してくれー言うて頼んじゃったんよ。府中市が三万円だしたと思うがなー。それで広島から東京へ来た者を安くそこへ泊めてなー、勉強の便宜をはかったわけじゃ。

――高津さんは社会党の左派でしたが、憲法第九条と「非武装・中立」ということをいつも言っておられましたか。

小森　それは一貫しとったなー。「わが党が主張する「非武装・中立」は段々世界に認められつつある」と。

――小森さん自身は「非武装・中立」という社会党本来の考えを、高津さんからバトンを受け継がれたわけですか。

小森　はい、だから私は信念を曲げられんいう思いがある。高津さんは副議長をしとるからねー、国会のなかに絵が掛かるんですよ。自分が国会に出てね、その場所へ行ってね、「高津先生、あんたが言うように来たぞ」「あんたの気持ちを継いでやるんじゃけーのー」と絵に向かって独り言を言うたことがある。

――高津さんの演説は、いつも三段論法（大前提、小前提から結論を導く論理的推論）を使っておられたということも聞いてますが。

小森　そうじゃのー。たとえば「非武装・中立」の国が増えおるということについて、「社会党が言う政策は日々証明されつつある」、それは「どこの国がこうで、あそこの国はこうなりょーりーる」言うてな、そして最後に「だから諸君もこの政策に自信を持たれたい」というような、だいたい論理は三段論法になっとったな。

――高津さんについての印象深いエピソードはありますか。

小森　わしが初めて市会議員に出る折には、社会党の公認でもないし労働組合も付いとらん。そこらの民間の景気のええ青年が出るという状況でしょ。高津さんは、私の家の近くの橋まで来たところ、小森たつおさんにつかまって、「どこへ行きょーるんなら」ということになって。小森たつおさんは社会党で出とるし、そして親戚でもライバルだし、それで私の家によう行かなんだと。あとで「許したまへ」という手紙と一緒に二〇〇〇円入っておったよ。相当、高津さんはわしのことを気にかけてくりょーたことはまちがいないなー。

福山の駅を降りて福塩線に乗客が乗ってくるでしょ。高津さんは、たとえば横尾の駅で三人乗るとすると、あの人は汽車の中でもずーと演説しょーちゃったんじゃ。私は社会党代議士・高津正道と自己紹介をして、ちょっと国会報告をさしてもらいますと言うて「再軍備反対・高津正道」言うてなー。ひとしきり演説して、「あー、またまた三票」言ーおっちゃった。

演説はクセのある人で、わしゃー高校生の時、あの人のマネをしょーたんじゃが、論理展開をしたあと、「～思うのであります」の「ので」にアクセントを置いて話す話し方じゃった。そして演台へ出る時の、あの人の歩き方はおもしろい。右の手と足、左の手と足が同時に出るんですよ。わざとじゃろーなー。

わしが青年団におる時、青年団の委員長と一緒に東京の高津さんのところへ行ったんよ。夕方じゃったろう。高津さんが今日は夕食をおごろー言うてな、夕食をおごってくれたんじゃー。日本青年館の近くじゃったと思うがタクシーを頼んでな、そこへ行ったら食事を自分のは頼まんのよ。二人分しか頼まん。自分は金を始末する言うわけよ。そして私らがあんまり手をつけんものがあるでしょ。「君これは食べないのかね」と言って、「じゃあぼくがいただくよ」言うてな、食びょーた。それで食事が済んで別れる時に、「このへんで国電の駅はどこにあるかなー」言うてわしに尋ねるわけ。「わしゃー日本青年館に行きょーたら信濃町が近いいうのを知っとるからな、ぼくはそこまで歩いて電車で帰る」言われてな、そうやって始末しょうったよ。それがひじょーに印象的じゃったな。

高津正道先生の教えと共に

渡壁正徳

私は一九四〇年生まれですが、高津正道先生は、その時すでに四七歳、人民戦線事件で獄中にありました。

つまり、日本における社会主義運動の中心的存在としてその先頭を走っていたわけです。

高津先生との出会いは、それから一八年の歳月が流れ、木造船づくりの大工の息子が、木造船の時代からプラスチック船の時代へと移り変わる時代の中で、大工をあきらめざるを得なくなって大学へ進むことにはしたものの、父親の仕事は逆風にさらされ、家計は崩壊寸前の中で、中学校時代の先生から高津先生の広島学寮があることを聞き、入居のお願いに阿佐ヶ谷の自宅に上がったのが初めてでした。

広島学寮は一九五七年、高津先生の自宅敷地内に建てられ、広島県から東京の大学へ進学した若者一二人が入居しておりました。広島学寮は極めて自由な雰囲気でした。

朝、夕食がついており、一応時間は決まっているものの、早くても遅くてもＯＫ、高津家の皆様と一緒に話しながら、聞きながら、にぎやかな楽しい食事でした。

部屋に帰ってからはそれぞれ何の制限もなく自由に過ごし、情報交換、散歩、ゲームなども楽しみました。

高津先生が落選中の時もありましたので、奥様の苦労も大変だったと思います。有意義で楽しい大学時代を過ごさせていただきました。

高津家の応接間では毎月、何回か自由参加の学習会が開かれておりました。主催は、次女の暁子姉さんで、いつも声をかけてくれました。

内容は「ものの見方、考え方」「時事問題」などでした。高津先生も時々顔を出し、議論に参加されました。

高津先生とは夕食が終わった後などに声をかけて下さり、夜の更けるまで囲碁を楽しみました。

一九六三年、大学を卒業し、就職しました。

一九六四年四月、高津先生より「次の選挙の準備をするので手伝ってほしい」との要請がありました。職を辞し、先生と共に広島（尾道）に帰り、尾道市議会議員の泉一雄さん宅を拠点に、主に広島三区（当時）の各地を回りました。私の朝の日課は墨を擦ることから始まり、夜、先生と明日の日程を付き合わせることで終わりました。

残念ながら高津先生は再挑戦できず、「小森龍邦さんを後継者に指名する」との言葉を残し引退されました（六四年一〇月二日、尾道にて）。

この六カ月間は、高津流選挙演説、ものの見方、人の接し方、組織、人脈のつくり方など大変勉強になり、その後の私の人生を決定づけるものとなりました。

私が生涯大切に思っていたことは、弱いものが強くなるために力を結集すること、つまり、統一戦線づくりです。お陰様で、
①高津先生の最後の言葉「次の衆議院選挙は小森龍邦君に」を選対委員長として実現。
②広島県議会議員九期三六年。
③県議会での統一会派づくり。野党結集で副議長。
④立憲民主党初代県代表として結集広島を呼びかけ、二つの参議院選挙を勝利、金権政治を打破。
といった、大きく四つのことを実現することができました。

高津正道先生の教えと共に私の生涯はあったと思い、感謝しております。

二〇二三年一一月一八日　渡壁正徳

第七章　高津正道の僧籍剝奪が持つ意味

——「靴の中の石」として——

小武正教

一　真宗大谷派の高木顕明の擯斥処分の取り消し

真宗大谷派では、一九一〇年の「大逆事件」の弾圧の際、死刑判決を受け獄中死した高木顕明を擯斥《ひんせき》処分とし、僧籍を剝奪している。しかし、八六年後の一九九六年四月一日に「住職差免並びに擯斥処分の取り消し」を告示、次の内容を宗務総長名で発表している。

高木顕明氏の同事件に連座したことによる住職差免及び擯斥処分は、宗門当局者が国家に追随して行った非常に遺憾なる行為であり、少なくとも戦後においてこの処分取消のための宗門手続きを速やかに行うべきところ、現在に至るまで何らの措置をとらず今日に至ったことについて、深く慚愧《ざんき》し心から謝罪するものである。よってひとりでも多くの宗門人が、一人の念仏者たる高木顕明氏の事蹟に学び、その願いを心に刻んで顕彰していくことを全宗門に呼びかける。

ここに大谷派は、戦争協力への謝罪と同時に、何が念仏者の道であったのか仏法の教えの下に非戦平和の道を貫いた高木顕明を顕彰することを通して、これから進む道を明らかに示したわけです。

二　本願寺教団「戦後問題検討委員会」と「僧籍剝奪」

一九九五年の「終戦五〇年全戦没者総追悼法要」を受けて教団に「戦後問題検討委員会」が設置され、一九九六年一月二四日付で「答申」が出されました。「教団の具体的戦争協力について」一〇項目、さらに「教団の今日的課題について」八項目を明らかにしています。今後の課題の八項目を記してみます。

一、教団の戦争及国家・社会との関係のありようを基礎づけてきた「真俗二諦《しんぞくにたい》の教旨」の問題性をあきらかにし、見直す

二、戦時下の門主の消息・裏方訓諭、執行長訓告、達示などの取り扱い
三、聖教の「不拝読」などの「心得通達」の失効
四、聖徳太子尊像安置をめぐる「達示」（一九三九年九月三十日）の失効
五、仏教婦人会・仏教青年会などの戦前の「国体」護持・奉公を尊んだ「画一的人間像」の総括
六、「海外開教」の全容解明とそれを踏まえたアジア・太平洋諸国との交流
七、「平和センター」を開設し、教団の戦争に関わる社会的責任をはたす
八、「千鳥ヶ淵全戦没者追悼法要」の主旨、「終戦五十年全戦没者総追悼法要」の精神に基づいて各教区で「平和のつどい」などの取り組みを開催

（『写真に見る戦争と私たちの教団―平和を願って[1]』）

そこには、戦前の「治安警察法・治安維持法」違反における僧籍剝奪についてはふれられていません。それは、本願寺教団のなかで、「治安警察法・治安維持法」違反で僧籍剝奪された僧侶がいたということがまったく知られていなかったというのがその理由です。本願寺教団のなかで高津正道の僧籍剝奪について書いた文章は、『同和教育論究』第二八号（同和教育振興会、二〇〇七年）の筆者の「高津正道の宗教観と僧籍剝奪」が最初となります。し

たがって「戦後問題答申委員会」の答申以降に明らかになった問題として、本願寺教団として取り上げる必要がありましょう。

三　高津正道の僧籍剝奪から問われてくること

高津の僧籍剝奪・赦免という事実から問い返されるのは、教団が僧籍剝奪・赦免したことを現在どう位置づけるのかがまず問題となります。僧籍剝奪したことは間違っていたのか、いなかったのか。間違っていたのなら、なぜ間違っていたのか、その理由を明らかにすることは、本願寺教団にとって極めて大事な問題だと思います。そして赦免についても「前非悔悟」の条件付きで、「もう一度僧侶になるための得度を許可する」というもので、無条件に住職に復帰させるものではありませんでした。したがって、高津が僧籍剝奪されたことに対しては、戦後、本願寺教団は何の取り組みもしておらず、問題は残されたままです。

また、本願寺教団が僧籍剝奪をした根本原因は、「剝奪をした側の教団の親鸞理解」と「剝奪をされた高津の親鸞理解」が大きく異なっていたからと考えます。日清・日露戦争、第一次世界大戦、そして日中全面戦争、さらにはアジア・太平洋戦争へと突き進んでいった日本に対して、国に合わせるように教団挙げて戦争協力に舵《かじ》を切り、最後には戦時教学をつくった教団の親鸞理解と、反戦を掲げて活動を続けた高津の親鸞理解のどちらが本当の親鸞聖人の姿であったのか、明らかにしておく必要があると思います。高津は、戦前に親鸞聖人の教えをもって「反戦」を掲げて、本願寺教団に「親鸞聖人ならば戦争に協力しない」とする趣旨の本まで著し、また『中外日報』などで問い続けたわけです。高津が自らの親鸞理解を著書にして、どう本願寺教団を問うたかは第四章で概略しました。

　この高津と本願寺教団の親鸞理解の異なりは、本願寺が「国法に準じて生きること」をこの世の生き方としたことです。真俗二諦の教学を真宗信仰の骨格とし、その信心を死後のお浄土参りの切符とした本願寺教団を問うものです。高津は、現実社会での人間の平等を、無産者階級の解放、民族の解放という具体的な活動を通して実現することが、親鸞の「御同朋《おんどうぼう》」の精神を生きることだと考え、本願寺に

基幹運動本部事務局編『写真に見る戦争と私たちの教団～平和を願って～』

対しても訴え続けました。

その高津の訴えの中味が歴史に忘却されたのみか、本願寺教団が高津から僧籍を剝奪した事実さえ、今では教団の記憶から消し去っているわけです。高津の「親鸞理解」をもって本願寺教団を問うたことの意味、そして僧籍剝奪という事実、そしてそのような事実があったことの忘却という、二重・三重の問題があります。

したがって、高津の僧籍剝奪について、本願寺教団には次のような課題があると思います。

①高津正道の僧籍剝奪の処分について問い返すこと

本願寺教団は高津正道に対し、治安警察法違反で一九二六年「奪度牒《だつどちょう》」とし、僧籍剝奪をおこないました。この事実を問い直し、教団がその過ちを認める必要があると思います。

高津の「奪度牒」に対して、本願寺教団は大正天皇の「大喪恩赦」を受け「赦免令」を適用して、僧籍剝奪を赦免しましたが、それは無条件に元の僧籍が回復され、住職の立場に戻れるものではなく、赦免には「前非悔悟」が条件となっていました。赦免が新たに冥《みょう》加《が》金を出して得度することを許可するというものであったことは、問題の解決にはまったくなっていません。

戦後治安維持法は廃止され、本願寺派の懲戒條規も変更されましたが、戦前のその懲戒条規によって処分された高津の僧籍剝奪は未だそのままです。

②僧籍剝奪をした本願寺教団と僧籍剝奪をされた高津正道の親鸞理解について問い返すこと

本願寺教団の親鸞理解と高津の親鸞理解は、いずれが正しかったのか明らかにする必要があります。もちろんそれは、真俗二諦の教えによって成り立っていた本願寺教団の親鸞理解と、現実社会の平等を求め、反戦・反差別を訴えていった高津の親鸞理解のいずれが正しかったのかを明らかにしていくことでもあります。

註

（1）基幹運動本部事務局編『写真に見る戦争と私たちの教団―平和を願って』（ブックレット基幹運動no.10）、本願寺出版社、二〇〇〇年、五二頁。

の言葉です。

「自立しなさい」。毎夜、「わたしも部屋に入れてくれ」と鳴く猫に対してかける連れ合いの言葉です。

二〇二二年の暮れ、今の時代を「新しい戦前」と言ったのは芸能人のタモリさん。岸田政権がそれまで日本国憲法の下、曲がりなりにも守りつづけてきた「専守防衛」を踏み越え、「敵基地攻撃能力の保有」を可能とする「安保三文書」を閣議だけで決定し、それを国会に諮る前に、アメリカのバイデン大統領に報告し約束する姿がありました。

今、浄土真宗本願寺派ではさまざまな課題を抱え議論がされていますが、今の本願寺教団の最も大きな課題は「本願寺教団は本当に「自立」してこの社会に存在しているのか?」ということではないかと私は思います。

龍谷大学の学生時代、「本願寺は日本帝国議会に先だって議会開設をした」ということを誇る言葉を何回も授業で聞かされた記憶があります。確かに本願寺の「宗制・寺報」の制定は一八八〇（明治一三）年で一八八九（明治二二）年に発布された大日本帝国憲法に先立つこと九年。しかしそこには本願寺の法主と、帝国憲法下で絶対権力を保有した天皇との類似性が見て取れます。そしてアジア・太平洋戦争の敗戦後、戦後の民主化の中で宗制・宗法が改正されたのが、一九四六年九月で、日本国憲法公布に先立つこと二カ月です。

そして今、本願寺教団では二〇〇七年に宗制を、二〇一二年に宗法を改定しました。改定のキーワードは「公益」として説明がなされました。すでに自民党の憲法改定草案が出されていたとき、奇しくもそのキーワードの一つは「公益」という名の「国益」に資するかどうかでありました。

「本願寺は時代を先取りする」と言えば聞こえはいいかもしれませんが、実質は「時代の流れに合わせてきた」ということであります。その教団のあり方を教義として裏づけたのは近代においては「真俗二諦《しんぞくにたい》」という考え方です。確かに一九九三年からの全国僧侶研修会、さらにその課題を実践した同朋運動、そして在野の反靖国の運動が戦争責任の課題を提起するなかで、二〇〇七年の宗制・二〇一二年の宗法の文言に「真俗二諦」の言葉はなくなりましたが、教団存立の中心軸となるものは門主中心主義となり、「御同朋という精神である」とは言えない現実があります。

二〇二四年九月二七日で、高津正道が僧籍剥奪になって九八年となります。高津は『無産階級と宗教』で「教義の理解・社会主義（平等の実現）・非戦」の三つをトータルに備えた、教団そして宗教者を求めていたことは間違いありません。高津が宗教教団に、とりわけ彼が所属していた本願寺教団にこだわりつづけたのは、国家権力から自立しない宗教教団は国家権力に取り込まれ、その奉仕者となるということを知悉《ちしつ》していたからだと思います。

今の本願寺教団は高津の目からすれば、「二度ある事は三度ある」と見える大変危ういものに映っていると思います。

一九二六年、治安警察法違反の刑確定のため本願寺派の僧籍剥奪をされた高津正道は、しかし『中外日報』などの業界紙・著書を通して、反宗教運動という形で、本願寺教団に対して教団改革・宗教改革をおこなえとエールを送っていました。しかしその後の本願寺教団は「戦争協力・推進」に突き進み、「戦時教学」をつくり、敗戦をむかえたわけです。「新しい戦前」と言われる今だからこそ、高津正道が本願寺教団に突きつけた問いを広く知ってもらうことは意味があることと思います。

今私は、その熱い思いのこもった問いの前に立っています。その問いの前に共に立ち続ける人を求め、この本を出版させてもらうこととしました。

発刊にあたりましては、出版を引き受けてくださいました法藏館の西村明高社長、編集部の丸山貴久様に深くお礼を申し上げます。また編集を担当して頂きました松原圭様、本当にありがとうございました。出版の事務局の小武の事務遅滞により、ご執筆いただきました皆さまにご迷惑をおかけしましたこと、深くお詫び申し上げます。

高津正道が亡くなって五〇年
仏暦二五六七年・核の時代七九年・国際暦二〇二四年一月一〇日

小武正教

付記　新字や旧字の使用については原稿を尊重するため、事務局での統一作業はおこなっていない。

高津正道　略年表

1893年（明治26）	広島県御調郡久井町羽倉、4月20日、南光寺住職父覚信、母キヨの長男として誕生。正道（まさみち）
	（父覚信5歳の時死去、母キヨ6歳の時死去）
1905年（明治38）	12歳から18歳まで地元の伝統宗学の学者・是山恵覚の私塾光宣寮に学ぶ
1913年（大正2）	京都の正則学校に2年半学ぶ
1916年（大正5）	南光寺第9世住職正道（しょうどう）となる
1917年（大正6）	三本ミサオとの間に庶子恵武子（英子）生れる
1918年（大正7）	4月に妻多代子とともに上京
9月	編入試験で早稲田大学文学部哲学科に入学
1919年2月	早稲田「民人同盟会」設立
1920年9月	学外に暁民会結成
12月	大学から退学処分
1921年6月	日本共産党設立に参画
11月	暁民共産党事件で検挙される。入獄8カ月の刑（保釈）

1923年6月	第一次共産党事件。中国滞在後、ソ連に1年亡命
1924年8月	ソ連亡命より帰国。東京地方検察局へ自首。禁固8カ月
	第一次共産党事件被告として取り調べ
1925年3月	日本共産党脱党
12月	妻多代子死亡
1926年8月	第一次共産党事件被告　上告棄却・禁固10カ月が確定
9月	本願寺より僧籍を剝奪される
1927年2月	恩赦で減刑され2月11日出獄
1929年5月	『無産階級と宗教』初版
1931年11月	高津は「戦闘的無信者同盟」とは別に「日本反宗教同盟」を結成
1937年12月	人民戦線労農派検挙で2年間拘禁される
1942年	由村しずと結婚
1945年8月	大審院は治安維持法事件（人民戦線事件）を無罪と判決
11月	高津は日本社会党創立に参画し、中央執行委員に選出される
	1964年まで社会党より5回当選（10年10カ月）、5回落選
1974年（昭和49）	
1月7日	享年80歳で死去。勲一等従2位の叙勲を辞退

高津正道の僧籍剥奪の経緯　年表

1921年（大正10）11月	暁民共産党事件で検挙（妻子とも―12月釈放）
1922年（大正11）3月	全員保釈出獄
1923年（大正12）6月5日	第一次日本共産党事件
	高津正道（佐野学、近藤栄蔵、荒畑寒村）の4名がソ連に亡命
1924年（大正13）	ソ連亡命より帰国、東京地方検事局へ自首
6月	治安警察法違反として入獄8カ月の刑
1925年（大正14）3月	日本共産党脱党
1926年（大正15）4月	労働農民党に参画
7月	治安警察法違反、10カ月の刑
8月4日	上告全部棄却　刑が確定 「堺一派の共産党事件の廿一名の内大審院に上告した西雅雄（原審禁錮八ヶ月）、浦田武雄（同十ヶ月）、高津正道（同十ヶ月）、市川正一（同八ヶ月）、猪俣津南雄（同八ヶ月）、辻民之助（同十ヶ月）の六名に対し四日午前係り磯ヶ谷裁判長から「上告は理由なし、これを棄却す」との判決言渡

	しがあった」（『東京朝日新聞』1926年8月5日／2面）
9月1日	高津氏奪度牒 「高津正道氏は西本願寺の僧籍にあったが八月四日大審院に於いて十ヶ月の禁錮の刑が確定し服役したので、西本願寺では昨一日審決会を開き奪度牒に決定し本人に通知した筈である」（『中外日報』1926年9月2日）
9月30日	本山録事に次のように記されている 「広島県御調郡羽和泉村字羽倉百貳拾番屋敷 備後教区御調組南光寺住職　高津正道　明治二六年四月二十日生 懲戒條規第拾七條第五項ニ依り奪度牒ニ処ス大正十五年九月二七日 執行長　大谷昭道」 ※ちなみに、懲戒條規（大正十年七月法度第六号）第十七條第五項は次の内容である 「第十七條　奪度牒ノ懲戒ニ処スベキモノ左ノ如シ 国法ノ処分ニ依り禁錮以上ノ処刑ヲ受ケタル者」
1927年（昭和2）2月7日	「御大葬」恩赦
3月24日	「奪度牒の処分を免除す」―赦免（再度の得度を許可する）

高津は僧侶に戻らず
「廣島県御調郡羽和泉村　備後教区御調組南光寺元住職
赦免例第六條ニヨリ大正十五年九月二十七日付奪度牒ノ處分ヲ免除ス
昭和二年三月廿四日　執行長　大谷昭道」（『教海一瀾』第727号、
1927年）

※この時代の本願寺の「赦免」とは「前非悔悟」を条件に「あらためて再度の得度を許可する」というもので、無条件に僧籍にもどるというものではなかった。

＊高津正道は僧籍に復帰していない。

高津正道真宗関係資料目録

表題	形態	年	月日	大きさ 縦×横 cm
石泉釈僧叡述『正信偈要訣　完』	冊子	明治27年	10月21日	22×15
『正雑二行大略　高僧和讃善導章ノ処ニ』	冊子			24×16
『観経定善義会録　上巻』	冊子			24×16
『本典化巻講録　石泉四』	冊子	明治44年	5月12日	24×16
利井鮮明勧学口演『愚禿鈔会録』	冊子	明治44年	夏季休業中	24×16
『易行品発己録』	冊子	明治43年	12月28日	24×16
『領解之哺訓』	冊子			24×16
高松大和上獅子吼『大経講義』	冊子			24×16
『論註会読雑記　第弐号』	冊子			24×16
『顕浄土化身土文類○記』	冊子			24×16
松島善譲和上獅子吼『教行信証文類聴記二』	冊子	明治43年	8月1日	24×16
(日記)	冊子			24×16
『本典会読記(従最初至行巻六字釈)』	冊子			24×16
『要津録　巻弐』	冊子	明治44年	8月9日	24×16
『論題管見録　巻参』	冊子			24×16
『錐指録　天』	冊子			24×16
『七祖論題　安楽集沾』	冊子	明治45年	3月10日	24×16
『要津録　巻六』	冊子			24×16
『大正鯉城録』	冊子			24×16
『錐指録　地』	冊子			24×16
『錐指録　人』	冊子			24×16
広陵慧雲師著　『正信偈呉江録』	冊子			24×16
片覚『選択集会読　第二号』	冊子			24×16
石泉釈僧叡撰『往生論註海岸記　巻弐』	冊子			24×16
甲山正満寺慧海勧学吼説『往生礼讃随聞記』	冊子	明治44年	8月15日	24×16
釈月珠撰『往生論註南越録　上』	冊子	明治43年	1月27日	24×16
是山得念師述『正信偈聴記』	冊子	明治42年		24×16
『易行品螢明録』	冊子	明治43年	12月1日	24×16
『宗要六三分別　完』	冊子	明治44年	8月20日	24×16
(表題ナシ)	冊子			24×16
『高僧和讃　曇鸞章』	冊子			24×16
石泉和上述『往生論註海岸記　巻上』	冊子	明治43年	1月	24×16
『論題聴俎』	冊子			24×16
豊前東陽円月述『見真大師絵指要鈔』	冊子			24×16
『観経散善義会録一』	冊子			24×16
烏水宝雲述『選択集聴記』	冊子	明治44年	6月3日	24×16
『浄土和讃光寿决』	冊子	明治41年	10月	24×16

「高松大和上獅子吼　大経講義　高津正道」
（高津正道資料室所蔵）

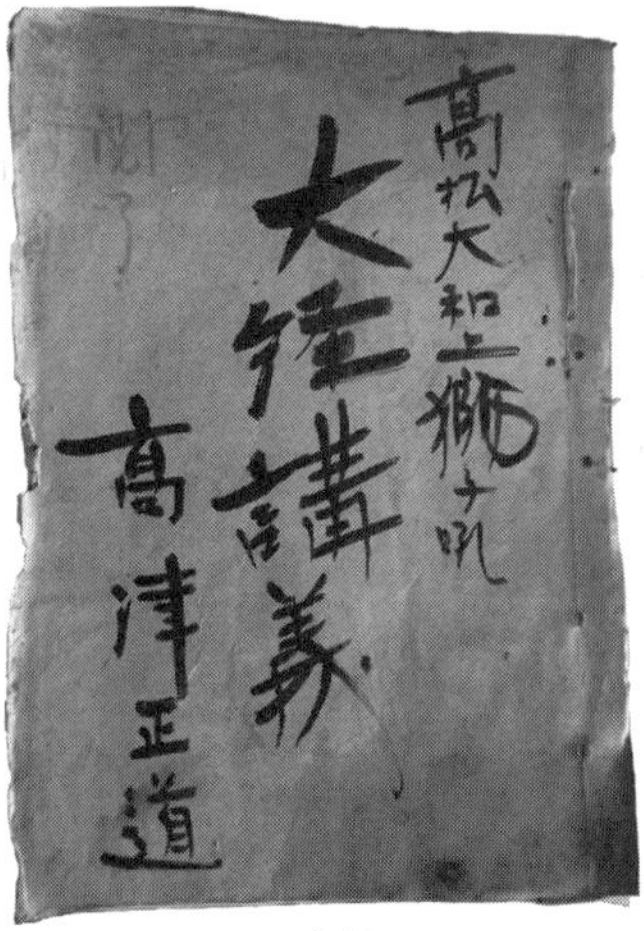

表紙

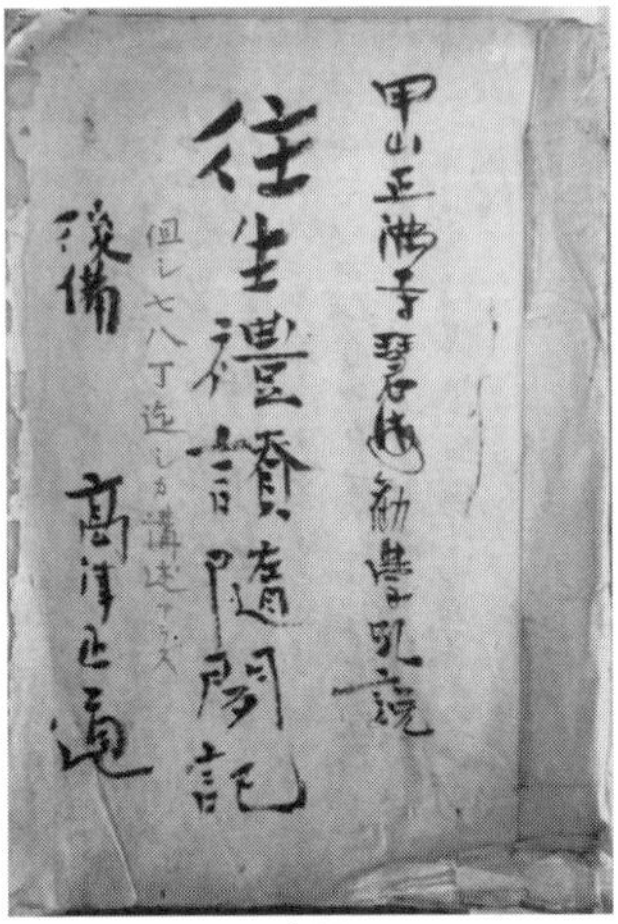

表紙

甲山正満寺慧海勧学吼説『往生礼讃随聞記』
（高津正道資料室所蔵）

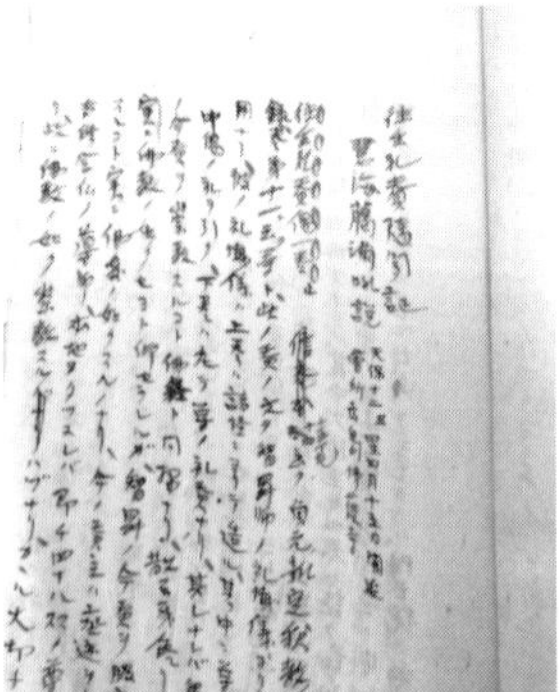

１頁目

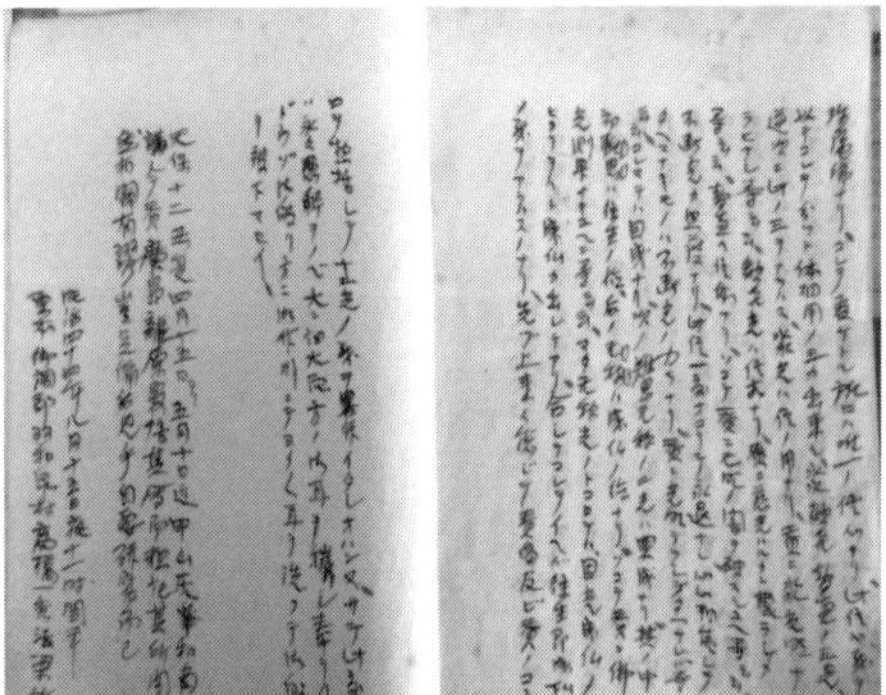

奥書

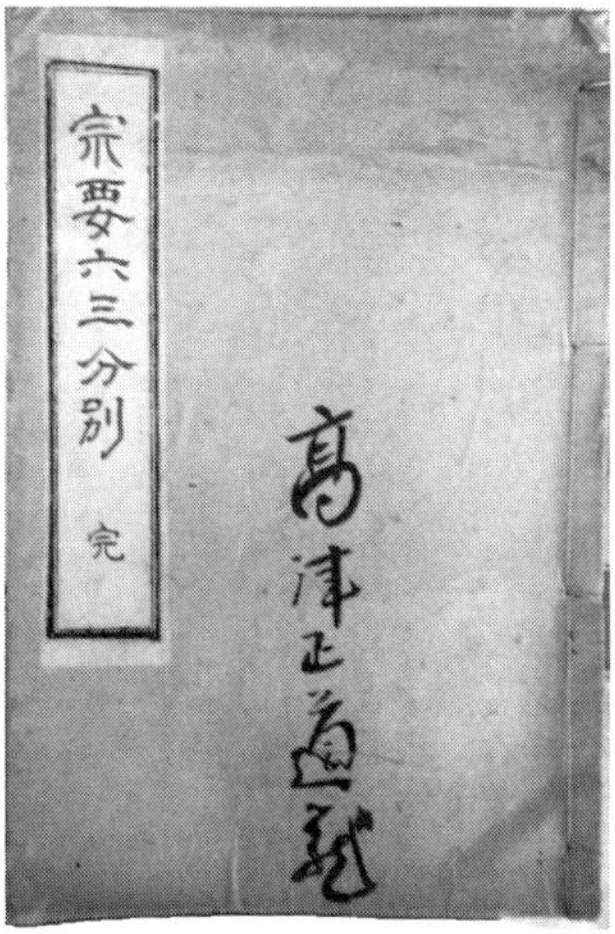

表紙

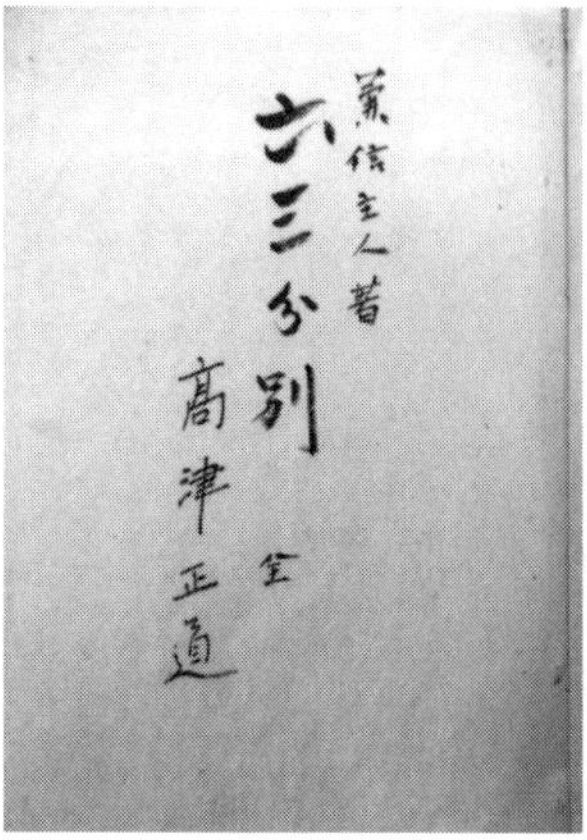

1頁目

『宗要六三分別』
（高津正道資料室所蔵）

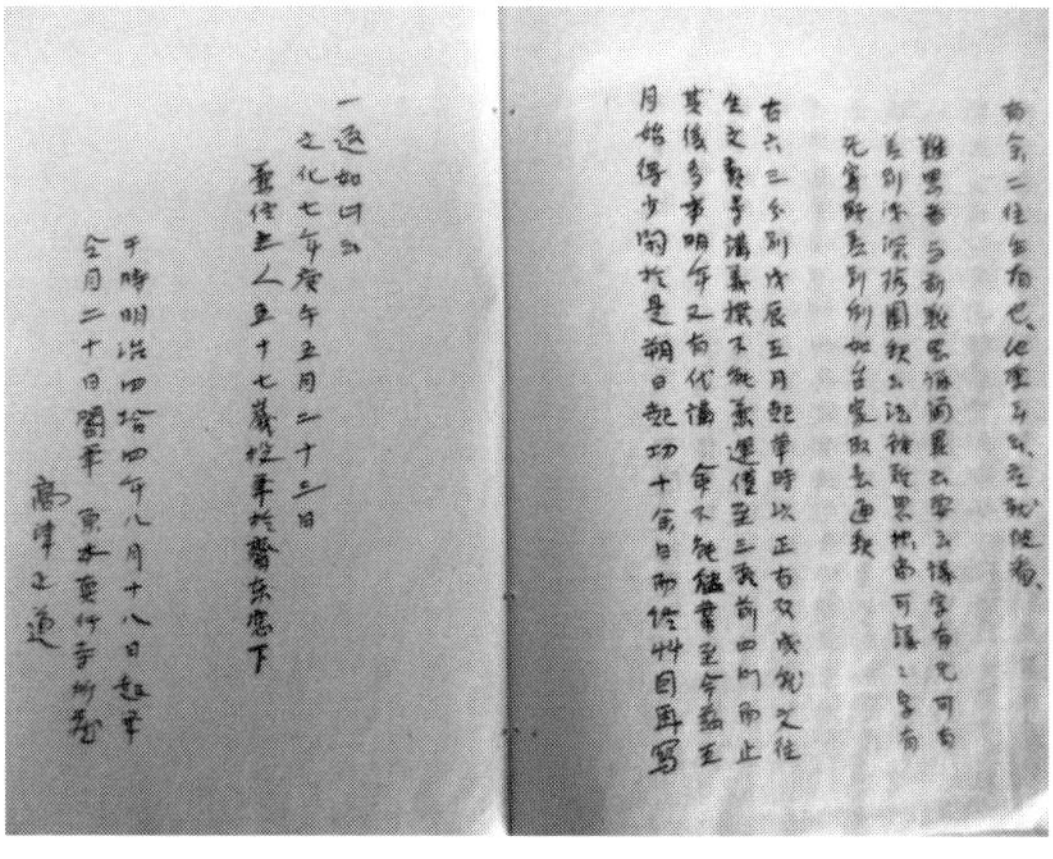

奥書

河野 官（こうの つかさ）【第６章】

石川啄木にあこがれ教員となり、定年退職。後半は県や全国の研究組織の役職をつとめる。

人脈を活かしてツーリストを設立したが、裏切られて失敗。

老人クラブ――羽倉親栄会会長、市や県の役職、厚労省より受賞。2018年に羽倉文化史蹟記念館創立（この一室が高津正道資料室）。現在「悠々自適」な暮らしに近づけようと努力中。

渡壁正徳（わたかべ まさのり）【第６章】

1940年広島県沼隈郡内海町に生まれる。

尾道東高校、法政大学経済学部卒業。

高津正道私設秘書、高津正道引退後、福山市職労書記。福山市長選に立候補（33歳）落選。

日本社会党福山総支部書記長。広島県議会議員当選（38歳）、以後九期連続当選、副議長となる。

立憲民主党初代広島県代表。現在顧問。

執筆者略歴（掲載順）

小武正教（おだけ しょうきょう）【第１章、第２章、第４章、第７章】
浄土真宗本願寺派　西善寺住職。「高津正道の僧籍剥奪を問う会」呼びかけ人兼事務局。「念仏者九条の会」共同代表兼事務局長。メラウーキャンプ教育支援の会代表。戦争させない・9条壊すなヒロシマ県北行動事務局。単著に『親鸞と差別問題』（法藏館、2004年）、『ひとすじの道』（探究社、2003年）、『真宗と葬儀—同朋運動の視点から』（本願寺出版社、1998年）などがある。共著に『靖国を問う』（永田文昌堂　1997年）、『真宗と社会—「真俗二諦」問題を問う』（大蔵出版、1996年）、『憲法九条は仏の願い』（明石書店、2006年）などがある。

近藤俊太郎（こんどう しゅんたろう）【第３章】
本願寺史料研究所研究員、龍谷大学非常勤講師。博士（文学）（龍谷大学）
単著に『天皇制国家と「精神主義」—清沢満之とその門下』（法藏館、2013年）、『親鸞とマルクス主義—闘争・イデオロギー・普遍性』（法藏館、2021年）、共編著に『近代仏教スタディーズ—仏教からみたもうひとつの近代』（法藏館、2016年、増補改訂版2023年）、『令知会と明治仏教』（不二出版、2017年）、『近代の仏教思想と日本主義』（法藏館、2020年）などがある。

野世英水（のせ えいすい）【第５章】
浄土真宗本願寺派僧侶、龍谷大学講師。
主な著書に『つなぐ—戦争と戦後を学ぶ』（共著、真宗大谷派職員組合、一九九五年）、『仏教植民地布教史資料集成〈満州・諸地域編〉』（共編、三人社　二〇一七年）、『日本仏教アジア布教の諸相』（共著、三人社、二〇二〇年）、『近代東アジアと日本文化』（編著、銀河書籍、二〇二一年）などがある。

高津正道資料室

「羽倉文化史蹟記念館」は2018年11月18日に開館されました。故郷の歴史と文化を次代に繋ごうと4年あまりかけて集めた資料を展示してあります。

そのなかの一室に高津正道の資料を集めた資料室があります。高津の著書、扁額、ポスター、パンフレットなど多数。そのなかには、高津正道が光宣寮で是山恵覚の下で学んでいたときに朱で書き込んだと思われる経論釈があります。これらは戦前、高津が南光寺総代に頼んで預かっておいてもらったものです。高津の真宗へ強い思いが感じられる遺品です。

「羽倉文化史蹟記念館」
〒722-1413　広島県三原市久井町羽倉1341-3

「高津正道の僧籍剥奪を問う会」賛同人募集

「高津正道の僧籍剥奪を問う会」は2020年9月15日に広島県三原市久井町羽倉の「羽倉文化史蹟記念館」において発足しました。「河野官、小森龍邦、小武正教」の三人の呼びかけで、現在70人の賛同人があります。

年に数回、高津正道に関する学習会（Zoomあり）を中心に、「高津正道資料室」のある「羽倉文化史蹟記念館」でおこなっています。また高津の出身である南光寺で高津正道追悼法要を開催させてもらっています。賛同いただける方は、下記にお申し込みください。

申込先：〒728-0003　広島県三次市東河内町237　小武正教

高津正道の僧籍剝奪を問う

二〇二四年六月二五日　初版第一刷発行

編　者　高津正道の僧籍剝奪を問う会
発行者　西村明高
発行所　株式会社　法藏館
京都市下京区正面通烏丸東入
郵便番号　六〇〇-八一五三
電話　〇七五-三四三-〇〇三〇（編集）
〇七五-三四三-五六五六（営業）

装幀　野田和浩
印刷・製本　中村印刷株式会社

ISBN 978-4-8318-5585-5　C1015